# 내 삶을 바꾼 질문

옴니버스 인생 책쓰기 6편
48인의 인생을 바꾼 질문들

삶을 더욱 열정적이고
행복하게 살고 싶은 당신에게

이 책을 전합니다

# 내 삶을 바꾼 질문

**초판 1쇄 발행_** 2025년 03월 17일

**지은이_**
우경하 이은미 조유나 박선희 이연화 이종현 이형은 심푸른 장예진 조대수
김지현 유병권 양 선 김미옥 김성희 박보라 강화자 김종호 최윤정 한기수
고서현 박해리 한금심 구연숙 이정곤 윤민영 이정인 최찬희 박지순 최형임
강기쁨 최수미 최현주 최무빈 전 진 김혜경 박리라 김영교 최민경 이현이
오순덕 정유주 김지영 한윤정 정세현 안재경 이언주 최초이

**펴낸이_** 우경하
**펴낸곳_** 인생변하는서점
**디자인_** 우경하 & 정은경
**표지디자인_** 디자인플래닛
**인쇄처_** (주)북모아

**출판등록번호_** 제2021-000015호
**주소_** 서울 도봉구 덕릉로 63가길 43, 지하26호
**전화_** 010-7533-3488
**ISBN_** 979-11-991251-4-8(03190)
**정가_** 18,000원

이 책은 저작권법에 따라 보호받는 저작물이므로
무단 전재와 무단 복제를 금지하며
이 책 내용을 이용하려면 반드시 저작권자와
출판사 인생이변하는서점의 서면동의를 받아야 합니다.
잘못된 책은 구입처나 본사에서 바꾸어 드립니다.

# 48인 지은이 소개

우경하 이은미 조유나 박선희 이연화
이종현 이형은 심푸른 장예진 조대수
김지현 유병권 양 선 김미옥 김성희
박보라 강화자 김종호 최윤정 한기수
고서현 박해리 한금심 구연숙 이정곤
윤민영 이정인 최찬희 박지순 최형임
강기쁨 최수미 최현주 최무빈 전 진
김혜경 박리라 김영교 최민경 이현이
오순덕 정유주 김지영 한윤정 정세현
안재경 이언주 최초이

# 내 삶을 바꾼 질문

# 1장. 지은이 소개

01. 우경하 - 나연구소 대표, 한국자서전협회장
02. 이은미 - 오색그림책방 대표, 한국미래평생교육원장
03. 조유나 - 유나리치, 한국개척영업컨설팅연구소 대표
04. 박선희 - 더원인재개발원 대표, (주)ESG경영연구원 이사
05. 이연화 - 한국그림책작가협회 정회원, 한우리 독서지도사
06. 이종현 - 현) 직업능력개발훈련 교사, 금메달 태권도 관장
07. 이형은 - 강남대 도서관학과 졸업, 책쓰기 지도사, 출판작가 마스터
08. 심푸른 - 전남대학교 석, 박사학위 취득, 대한웰다잉협회 전문 강사
09. 장예진 - 휘게 심리상담센터 대표, 상담심리 치료 박사(PHD)
10. 조대수 - 화법연구소 대표, 백년멘토(주) 대표, '대수굿TV'

## 2장. 지은이 소개

11. 김지현 - 마음나라연구소 대표, 사회복지학 박사
12. 유병권 - 제25회 서울 독립 영화제 우수 작품상, 전자책 저자
13. 양 선 - 여여나무연구소 대표, 한국작가협회 이사겸 김해지부장
14. 김미옥 - 사회복지법인 제주공생 희망나눔종합지원센터 센터장
15. 김성희 - 치유살롱 대표, 한성대 대학원 졸업
16. 박보라 - 교육사 35년 운영, 치매 극복의 날 체험수기 최우수상
17. 강화자 - 1인 기업가 공감 톡 브랜딩 대표, 꿈짱 코치 4050 직장인
18. 김종호 - 웰다잉 전문강사, 사전연명의료의향서 상담사
19. 최윤정 - 윤정교육연구소 소장, 『내 삶을 바꾼 책』 베스트셀러작가
20. 한기수 - 한국남성행복심리상담연구소 대표, 여여나무연구소 국장

## 3장. 지은이 소개

21. 고서현 - 사)한국대체의학심리상담학회 재무이사
22. 박해리 - 2024 삿포로교류오케스트라 연주, 이음심포니커 대표
23. 한금심 - 자담인 중앙점 대표, 주열요법 전문강사
24. 구연숙 - 2025년 우체국 퇴직, 전자책『야! 너도 서평 쓸 수 있어』
25. 이정곤 - 재한몽골학교 이사, 한일친선선교협력회 회장
26. 윤민영 - 자담인영힐링 대표, 전자책 크몽 입점
27. 이정인 - 중년 마음학교 교장, 『마음 밭 꽃씨 하나』의 저자
28. 최찬희 - 미술 치료 강사, 인지 교구 강사
29. 박지순 - 네이버 검색: 박지순
30. 최형임 - 신세계합동녹취속기사무소대표속기사, 불어 교사

## 4장. 지은이 소개

31. 강기쁨 - 저서:『인생은 선물입니다』『마음부자』공저
32. 최수미 - 저서:『책이 시키는 대로 했더니 인생이 달라졌다』
33. 최현주 - 프리타라인 대표, 부산지역사회교육협의회 책임강사
34. 최무빈 - 카페 온다 대표, 충남 서산출생
35. 전 진 - 대한민국 보험설계사, 한국 MDRT 공식 회원
36. 김혜경 - 공간 지음 대표, 행복 책방 대표
37. 박리라 - G포럼 대표, 경기대AMP 융합전공특별과정AI전공산학교수
38. 김영교 - 부산교육청 노동인권 강사, 법무부 학교폭력 예방 강사
39. 최민경 - BMD [Business Matching Designer]
40. 이현이 - 유어즈에셋(주)보험 대리점 경기지점

# 5장. 지은이 소개

41. 오순덕 - 한글마루 창작소 공동대표, 한글만다라 개발자
42. 정유주 - 유치원 다문화언어강사, 중국어 개인지도강사
43. 김지영 - 유치원 교사 & 유아교육 석사
44. 한윤정 - 15년간 수학, 과학 과외와 교육컨설팅 강의
45. 정세현 - 살맛나는 세상을 꿈꾸는 사람
46. 안재경 - 유닛스튜디오 대표, 마벨꾸띠끄 대표
47. 이언주 - 마벨꾸띠끄 대표원장, 비주얼크리에이터협회장
48. 최초이 - 자담인 회복점 가맹대표, 건강 상담 전문가

## 프롤로그

세상은 참으로 단순하다고 유명한 사람들이 말한다. 이런 말들이 좋은 이유는 모든 것은 생각하기 나름이라는 교훈을 주기 때문이다. 살다 보면 여러 이유로 앞이 보이지 않고 무엇을 어떻게 해야 할지 막막한 상황에 직면할 때가 있다.

그때 생각나는 말은 '**모르는 것이 있으면 물으면 된다**'이다. 이미 모든 답을 알고 있는 우리 자신과 나보다 먼저 경험한 사람들에게 질문하면 답을 찾아갈 수 있다.

나 또한 열심히 살았지만 행복하지 않은 내 모습을 만나 방황했던 경험이 있었다. 그때 '왜 내 삶은 행복하지 않지? 내가 진정으로 원하는 것이 무엇이지'라고 질문하며 진짜 나를 찾은 경험이 있기에 질문의 소중함과 힘을 느낀다.

이 책에는 50인의 인생을 바꾸고 큰 영감을 준 질문과 우리의 생각이 담겨있다. 우리는 어떤 계기를 통해 질문을 하게 되었고 그 답을 찾아가며 삶의 방향과 지혜를 찾았다. 우리는 안다. 바로 답이 나오지 않더라도, 질문하는 것 자체만으로도 매우 큰 힘이 된다는 것을 말이다.

이 프로젝트는 전자책, 공동 저서, 자서전 전문 나연구소의 [옴니버스 인생 책쓰기] 프로젝트 6편이다. 프로젝트는 매월 1권씩 출판, 총기간 8년, 100편까지 출판을 목표로 한다.

삶이 힘들고 막막하다면 질문을 하자. 질문이 더 나은 나와 인생을 만든다. 질문을 통해 성장하고 싶은 분들에게 우리의 이야기가 도움 되길 소망한다.

프롤로그    /12

1장. 내가 정말 원하는 것은 무엇인가?    /14
2장. 한 번 해보시겠습니까?    /56
3장. 나의 열정은 무엇을 원하는가?    /98
4장. 너는 괜찮니?    /140
5장. 삶을 살아낼 수 있었던 힘의 원천은 무엇인가?    /182

에필로그    /216

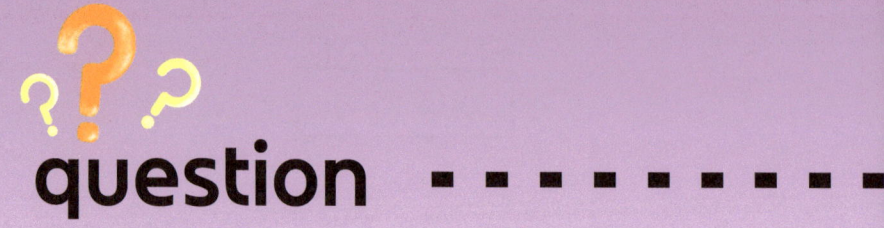

# question

## 1장

### 내가 정말 원하는 것은 무엇인가?

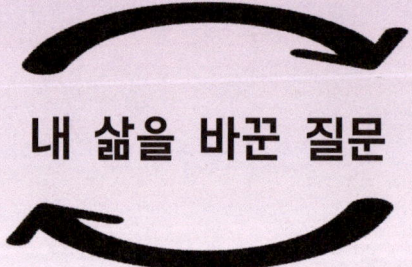

내 삶을 바꾼 질문

·········▶ answer

### 01. 우경하
내가 정말 원하는 것은 무엇인가?

### 02. 이은미
나는 지금 무엇을 할 수 있을까?

### 03. 조유나
나는 왜 하는 일마다 잘되지?

### 04. 박선희
도대체 카네기가 뭐길래?

### 05. 이연화
좋아하는 것이 있나요?

### 06. 이종현
나는 어떤 사람이 되고 싶은가?

### 07. 이형은
내가 아는 것이 정말로 아는 것인가?

### 08. 심푸른
내 이름으로 무엇을 할까?

### 09. 장예진
질문으로 깨달은 진정한 인생

### 10. 조대수
니는 와 여기 있노?

no.1

# 우경하

❑ 소개

1. 나연구소 대표
2. 한국자서전협회장
3. 전자책, 공동저서. 자서전 출판 전문
4. 온라인 오프라인 450회 이상 강의 코칭
5. 전자책, 종이책 포함 170권 이상 출판
6. 누적 출판작가 570명 이상 배출
7. 닉네임: １００권작가
9. 책쓰기코치 강사 양성 중

❑ 연락처

1. 네이버 검색: 우경하
2. 유튜브 검색: 나연구소

# 내가 정말 원하는 것은 무엇인가?

　집, 학교, 사회에서 보고 듣고 배운 대로, 그저 착하게 남들처럼 열심히 살았지만 내 삶은 행복하지 않았다. 그 이유를 몰라서 힘이 들었고 내가 무엇을 잘 못했는지 몰라 가슴이 답답했다.

　변화와 성장을 위해 다양한 자기 계발, 마음공부, 감정치유 등을 하면서 내 불행의 원인을 깨달았다. 그 이유는 내가 나를 모르기 때문이었다. 나를 알아야 했다. 나를 알고자 하는 간절한 마음으로 다음의 3가지를 집요하게 하기 시작했다.

　바로 '**질문, 마음 관찰, 글쓰기**'였다. 그러면서 늘 밖에 남에게로 향하던 내 마음의 시선은 안으로 돌렸고 나를 보게 되었다. 나라는 존재는 신세계였다. 내 안에는 거대하고 무한한 존재가 있었다. 그런 경험으로 내 안에서 [나연구소]라는 나만의 브랜드를 만나게 되었고 모두의 '나'가 가장 소중하다는 가치를 발견했다. 거기에 더해 질문의 중요성과 탁월한 효과를 알게 되었다.

　나를 알기 위해 수많은 질문을 했었다. 이런 질문들이었다.
　'너는 어떤 사람이니?'
　'너는 어떤 사람이 되고 싶니?'

'무엇을 좋아하고 무엇을 싫어하니?'
'무엇을 할 때 행복하고 무엇을 할 때 불편하니?'
'어떤 일을 하는 어떤 사람이 되고 싶니?'
'죽을 때 사람들에게 어떤 사람으로 기억되고 싶니?'
등의 질문을 통해 진짜 나를 알아갔다.

이런 많은 질문 중에 가장 울림이 있었고 큰 영향을 준 질문은 이 질문이었다.

'내가 정말 원하는 건 무엇인가?'

이 질문을 하루에도 수십 번씩 하면서 내가 진정으로 원하는 것이 무엇인지 알아갔다. 질문의 힘은 강력했다. 자욱한 안개 속에 갇힌 것처럼 앞이 보이지 않았는데 이 질문을 통해 점점 내가 원하는 것이 보였고 느껴지기 시작했다.

그때 내 안에서 나온 답은 **'행복과 성공'**이었다. 원하는 것을 명확하게 알게 되자 다음의 질문으로 자연스럽게 연결되었다.

'내가 원하는 것을 이루려면 무엇을 해야 하는가?'

내가 찾는 답은 '내가 잘하고 좋아하고, 가슴을 설레게 하고, 나 자신이 성장하고 사람들을 행복하게 하는 나만의 멋진 일을 한다'였다. 이렇게 생각이 모이자, 변화를 위해 집중하고 행동하기 시작했다.

그렇게 나만의 일을 찾기 위해 창업을 결심하고 찾던 중 우연히 온라인에서 1인 기업, 무자본 창업이라는 것을 알게 되었다. 그 일은 놀랍고 신비로웠다. 바로 내가 딱 원하는 일이었고 너무도 반가웠고 가슴이 뛰었다. 내가 가야 할 길임을 직감했다. 이후 많은 시행착오와 도전을 통해 지금의 나연구소 대표, 한국자서전협회장, 100권 작가 우경하가 되었다.

이후 습관처럼 내 생각, 마음, 감정을 관찰하고 나에게 질문한다. '내가 정말 잘 살고 있나? 나는 지금 행복한가?' 진정으로 내가 원하는 인생을 살고 있나?' 등이다.

글쓰기 책 쓰기 코치로 전자책, 공동 저서, 자서전 출판 코칭과 강의를 하는 지금은 내가 책을 쓰고 싶은 사람들에 다음과 같은 질문을 한다.

"왜 책을 쓰려고 하나요?"
"책 쓰기를 통해 얻고 싶은 것은 무엇인가요?"
"당신의 경험 중에 어떤 경험을 누구에게 나누고 싶나요?"
"당신의 전문 분야는 무엇인가요?"
"인생을 살면서 어떤 교훈, 지혜, 깨달음을 얻었나요?"

이런 질문들을 통해 동기부여 강화, 목표 의식 높이기, 강점 발견, 독자와 주제 선정 등을 한다.

내 인생의 목표 3가지는 '진짜 나 최고의 내가 되기, 하고 싶은 일만 하며 살기, 내일 죽어도 후회 없는 인생을 살기다.' 이 목표는 내가 나에게 한 수많은 질문을 통해 만들어졌다. 덕분에 지금은 이 모든 목표를 이루며 살고 있다. 인생을 어떻게 살고 싶냐는 질문에 내 답은 '진짜 나, 최고의 내가 되어 하고 싶은 일만 하며 내일 죽어도 후회 없는 인생을 산다"이다.

더 나은 나, 최고의 내가 되어 멋지고 황홀한 인생을 살고 싶다면 이미 모든 답을 알고 있는 우리 마음에 질문을 하자.

no.2

# 이은미

▢ 소개
1. 오색발전소 대표
2. 한국미래평생교육원장
3. 오색그림책방 운영
4. 한국작가협회 부회장 & 포천지부장
5. 그림책심리성장연구소 경기1지부
6. 전자책, 공동저서. 자서전출판 전문
7. 종이책, 전자책, 그림책, 개인저서 포함 55권 작가

▢ 연락처
1. 블로그: https://blog.naver.com/mi2241
2. 네이버 검색: 그림책코치 이은미, 오색그림책방

# 나는 지금
# 무엇을 할 수 있을까?

삶은 우리가 아직 준비되지 않았을 때 가장 깊은 질문을 던지곤 한다. 예상치 못한 고난과 어려움 속에서 우리는 흔들리고 넘어지지만, 스스로에게 던진 질문들이 새로운 길을 열어주기도 한다. 나 역시 수많은 벼랑 끝의 순간들을 지나왔고, 그때마다 나를 일으켜 세워준 질문들이 있었다. 지금 돌아보면, 그 질문들은 단순한 궁금증이 아니라 나의 삶을 바꿔놓은 열쇠였다는 것을 깨달았다.

그 많은 깨달음의 질문 중 첫 번째, '나는 지금 무엇을 할 수 있을까?'였다. 어린 시절, 엄마 없이 아빠와 둘이서 어려운 시절을 보내야 했던 나는 절망과 외로움 속에 살았다. 하지만 그 순간에도 스스로에게 이렇게 물었다.

"나는 지금 무엇을 할 수 있을까?"

그 질문은 나를 무력감에서 벗어나게 했다. 밥을 먹는 것, 아빠를 도와 집안일을 하는 것, 학교에서 공부하는 것 등 작은 행동 하나하나가 나를 앞으로 나아가게 했다. 비록 상황은 변하지 않아도, 그 질문 덕분에 나는 절망 속에서도 희망의 씨앗을 품을 수 있었다.

두 번째 '오늘, 이 순간 내가 아이를 위해 줄 수 있는 가장 소중한 것은 무엇일까?'였다. 죽음의 문턱을 수시로 넘나드는 아픈 아이를 키우는 부모로서의 삶은 결코 쉽지 않았다. 하지만 아이를 바라보며 매일 같은 질문을 스스로에게 던졌다.

"오늘, 이 순간 내가 아이를 위해 줄 수 있는 가장 소중한 것은 무엇일까?"

그 답은 아주 단순했다. 아이의 손을 잡아주는 것, 웃으며 안아주는 것, 함께 시간을 보내는 것. 아이가 느끼는 사랑과 안정감은 나의 불안과 두려움을 잊게 했다. 매일 반복되는 질문과 답 속에서 아이를 지키며 살아갈 힘을 얻었다.

그리고 세 번째 '내가 진정으로 원하는 삶은 무엇인가?'였다. 삶의 벼랑 끝에서 직장에 매달려 하루하루를 버티던 시절, 내 마음속에는 늘 무언가가 허전했다. 그때 스스로에게 물었다.

"내가 진정으로 원하는 삶은 무엇인가?"

이 질문은 내게 무거운 현실에서 벗어나 꿈을 꿀 용기를 주었다. 배우고 도전하며 진정으로 하고 싶은 일을 찾았고, 마침내 내 이름으로 된 1인 기업을 세웠다. 단순히 생계를 위한 일이 아니라, 내 꿈과 목표를 실현하는 일이 삶의 중심이 되었을 때, 비로소 나는 내 삶을 살아가고 있다는 행복을 느꼈다.

그래서 '나는 어떤 이야기를 세상에 남기고 싶은가?' 삶의 과정에서 만난 질문 중 가장 깊었던 것은 바로 이것이었다. "나는 어떤 이야기를 세상에 남기고 싶은가?" 이 질문은 나를 멈춰 서게 하고, 삶의 방향을 다시 생각하게 했다. 단순히 하루를 살아가는 데 그치지 않고, 나만의 이야기를 찾아내고 그것을 세상과 나누고 싶어졌다. 나는 그림책을 통해 사랑과 희망의 이야기를 전하고, 내 삶의 흔적을 남기기 위해 노력했다. 이 질문은 나만의 길을 만들어가도록 한 가장 큰 원동력이었다.

이렇게 질문이 만든 삶의 방향은 지금의 나를 보석처럼 빛나게 한다. 삶은 때로 우리를 끝없이 흔들고 시험한다. 그러나 그 속에서도 우리는 질문을 통해 자신을 발견하고, 더 나아가 성장할 수 있다.

내가 걸어온 길은 결코 쉽지 않았지만, 나를 버티게 하고 이끌어준 네 가지 질문들이 있기에 지금의 내가 있을 수 있었다. 질문은 우리가 원하는 삶으로 나아가게 하는 나침반과도 같다.

여러분은 어떤 질문을 통해 스스로를 발견하고 있는가? 삶의 벼랑 끝에서도, 희망을 잃지 않게 해줄 단 하나의 질문을 스스로에게 던져보자. 그 질문은 여러분의 삶을 바꿀 수 있는 시작점이 될 것이다.

no.3

# 조유나

❑ 소개
1. 한국개척영업컨설팅연구소 대표
2. 유나리치 인카금융서비스 대표
3. 2023 더 베스트금융 연도대상 금상
4. 2022년 한국 영업인협회 신인상
5. 2017년 메리츠화재 연도대상 동상
6. DB생명 위드유 보험왕
7. 2024년 클래스유 〈개척여신이 알려주는 억대연봉 꿀팁〉
8. 개척영업 전국 1위  인기강사.
9. 1대1 영업진단 / 코칭 및 명함컨설팅
10. 조유나작가 출간저서 공저. 전자책 포함 15권
    * 전국 수강생- 연도대상. 억대연봉, 월천여신 달성 다수
* 닉네임: <u>유나리치 개척여신 조유나</u>

❑ 연락처: 010-2415-5999
1. 네이버 검색: 조유나의톡톡
2. 블로그: younarich1004
3. 인스타: @younarich

# 나는 왜
# 하는 일마다 잘되지?

뭘 해도 잘 되는 사람의 비밀은 무엇인가?

그것은 바로 긍정 확언이다. 반복되는 생각이 현실을 만든다. 확언과 상상을 결합하라. 확언과 삶의 목적을 일치시켜라.

내가 진짜 이루고 싶은 것은 무엇인가?

질문형으로 이미 이룬 것처럼 해 보아라, 그렇게 난 더 잘되고 있다. 나는 책 속에 배운 대로 해보기로 했다. 확언을 생활화하고 '나만의 맞춤 확언'을 만들었다. 오늘부터 내 생각의 주인이 되고 확언을 나 자신에게 광고하듯 말하자.

말의 씨가 된다. ⇨ 습관적인 말이 확언이 된다.

누군가 결과를 냈다면 무슨 생각을 했을까요? 당연히 된다고 생각하고 당연히 되는 결과를 얻을 것이다!

### 나는 왜 하는 일마다 잘 되지?

성공하는 확언의 조건 ⇨ 이미 이뤄진 것처럼 하는 것이다.

확언은 마음속에 새로운 벽 글씨를 의도적으로 심는 작업이다. 그것은 우리 삶의 궁극적 목표와 방향이 일치해야 하고, 생각만 해도 가슴이 뛸 만큼 자신을 흥분시켜야 한다.

☑ **돈에 관한 확언**

- 왜 나는 이토록 풍요로울까?
- 왜 나는 이토록 큰 축복을 받았을까?
- 왜 나에게는 돈이 이렇게 쉽게 들어올까?
- 왜 나에게는 이토록 많은 가치와 소중한 것이 있을까?
- 왜 나는 행복하고 부유하도록 허락받았을까?
- 왜 나는 큰 부를 누리면서도 숭고한 영성을 지녔을까?
- 왜 나는 부유할 자격이 있을까?
- 왜 돈은 나에게 놀라운 선물이 되었을까?
- 왜 나는 행복하게 돈을 끌어당기는 자석처럼 살아갈까?

실생활에서 확언을 백 퍼센트 활용하는 실천법. 무엇을 하건 당신은 그저 믿는 대로 경험할 뿐이다. 새로운 **믿음을 질문으로 바꾸면** 더 완전히 얻은 것처럼 말이다.

☑ **건강에 관한 확언**

- 왜 나는 내 건강을 잘 조절할 수 있을까?
- 왜 건강한 사람들이 자석처럼 내게로 이끌려올까?
- 왜 나는 완벽한 건강과 행복을 표출할까?
- 왜 나는 나를 이렇게 잘 관리할까?
- 왜 나는 체중을 줄이는 게 이토록 쉬울까?
- 왜 나는 운동을 좋아할까?
- 왜 나는 내 몸을 사랑하고 아낄까?

멋진 확언들을 틈틈이 펼쳐보고, 수시로 되뇌어보라. 그리고 단 하나의 확언이 만들어내는 기적을 온몸으로 체험하라.

시크릿, 자기암시, 심상화, 기도와 응답, 생각의 힘, 마인드 트레이닝, 그 어떤 말로 불리든 세상의 모든 성공 원리는 결국에는 '확언'으로 통한다!

☑ **조유나식 시크릿 확언**

1. 나는 매일 성장하고 발전하고 있다.
2. 나는 내 꿈을 이룰 수 있는 능력이 있다.
3. 나는 나 자신을 사랑하고 존중한다.
4. 나는 긍정적인 에너지를 끌어당긴다.
5. 나는 어려움을 극복할 힘이 있다.
6. 나는 매일 감사하는 마음을 잊지 않는다.
7. 나는 나의 목표를 향해 한 걸음씩 나아가고 있다.
8. 나는 내 주변의 사람들과 긍정적인 관계를 유지한다.
9. 나는 나의 감정과 생각을 잘 다스릴 수 있다.
10. 나는 오늘도 행복을 선택한다.

우리는 스스로 한계를 두고 있어서 하고 싶은 일이 있어도 하지 못한다. 사실은 아무도 당신을 가로막지 않는데 말이다. 언제나 될 수 있다고 믿고 된 것처럼 행동하고 생각하라.

모든 성공 원리는 어떠한 일에 있어서든 '된다'는 생각을 가지고, 행동하는 확언에서 비롯된다고 강조한다. 또한 해결하고 싶은 마음의 문제를 입으로 되뇌면서 감사한 마음을 가지면 긍정적인 확언에 더 도움이 된다.

"나는 왜 하는 일마다 잘 되지?"

나는 감사하면 더 잘 되고 생각하는 대로 다 이뤄진다고 믿는다. 오늘도 감사 가득 확언        -♡You&Na Rich♡- 조유나

no.4

# 박선희

❏ 소개
1. 더원인재개발원 대표
2. 더원출판사 대표
3. 경남카네기리더십연구소 전문강사
4. 한국자서전협회 창원지회장 및 사무국장
5. 교육학박사수료
6. ESG경영컨설턴트, NCS 컨설턴트, 사업주훈련교사, 작가, 블로거
7. 전자책, 공동저서. 자서전 출판 전문

❏ 연락처
1. 블로그: https://blog.naver.com/wakeupsun
2. 네이버 검색: 박선희작가, 강사, 전문직업인
3. 닉네임: 오이작가

# 도대체
# 카네기가 뭐길래?

나를 찾는 하루 5분 코칭스킬
1. 내 삶을 바꾼 질문 하나 적어 보자
2. 언제, 어떤 상황이었는가?
3. 이 경험으로 내 삶은 어떤 변화가 생겼는가?

"박선희 선생님. 성공적인 삶을 사는 기회가 있다면 해 보시겠습니까?"
"괜찮은데요. 지금도 잘 살고 있어요."
"하루 강의 들어보세요. 제가 대신 수강료를 내드릴게요."
'성공적인 삶? 지금도 나는 충분히 행복하고 나름 잘 살고 있는데. 도대체 카네기가 뭐길래 최 강사님은 내게 이렇게 강력하게 권하는 걸까?'

"카네기가 뭘까? 도대체 무엇이길래?"
15년 전 이 질문 하나에 시작한 카네기 과정은 내 삶을 바꾸었다. 12주간 카네기 과정을 하면서 내 삶과 주위 관계에 대해 점검하였다. 시댁 관계, 직장의 관계에서 생겨나는 여러 갈등 상황도 해결되었다. 그뿐만 아니라, 카네기 과정을 이수한 다양한 사람들을 만나며 선한 영향을 주고받았다.

카네기 과정을 하면서 30가지 인간관계 공약을 하고 실천하고 피드백을 받으면서 좀 더 나은 나로 살게 되었다. 좀 더 열정적으로 삶을 이끌어 갔다.

특히, 카네기 강사 과정은 소심하게 살던 내가 삶의 틀을 깨고 도전하는 계기가 되었다. 카네기 강사는 일반적인 강사 과정과 전혀 다르다. 1박2일, 2박3일 속성으로 수료증을 주는 과정과 달리, 내 삶을 카네기로 살기를 요구한다. 카네기 일반과정부터 시작하면 3년의 긴 세월이 걸린다.

안전지대를 뚫고 도전지로 나가서 새로운 기회를 만드는 원동력, 마흔 넘은 늦은 나이에 석사 박사과정을 도전한 것도 카네기 덕분이다. 기업 강사로 새로운 도전을 한 것도 알고 보면 카네기에서 익힌 스킬이다.

카네기는 정말 특별한 과정이다. 투자의 귀재, 세계적으로 성공한 투자자 워렌 버핏의 사무실에 있는 단 하나의 수료증. 소심하고 내성적인 그가 20살에 이수한 카네기 수료증이라고 한다. 그리고, 과정에서 익힌 자신감과 용기로 프러포즈했고, 결혼하였다.

어떤 내용으로 강의하더라도 나는 카네기와 코칭을 엮어 풀어낸다. 수강생에 대한 순수한 관심, 호기심과 질문, 경청. 수강생도 서로에게 질문과 경청을 연습하도록 돕는다.

작년부터 외국인 근로자에게 기초 직무를 훈련한다. 4개 나라 직원과 하루 8시간 교육을 어떻게 해 내는지 참 궁금하다며 질문한다. 영어가 공용어지만, 탁월하게 영어가 필요한 것도 아니고, 한국어는 더욱 서툰 외국인들이다. 수업 후 피드백 자료를 보며 기업체 담당자가 내게 묻는다.

"정말 그 직원들이 쓴 거예요?" 나는 미소 지으며 대답해 준다. 순수한 관심으로 질문하고 멈추고 쳐다보고 듣기. 만국 공통어다. 일단 강의 첫날 강의에 대한 신뢰와 태도 형성이 되면 그다음부터 강의는 순풍에 돛단배처럼 흘러간다.

무언가 새로운 도전을 할 때, 인간관계가 어려울 때, 나는 카네기 인간관계론과 행복론 책을 펼치고, 스스로에게 묻는다. "데일 카네기라면 어떻게 할까?"

> 모든 해답은 당신 안에 있다.
> 다만, 질문이 그것을 깨닫게 할 뿐이다.
> -에크하르트 톨레-

no.5

# 이연화

❏ 소개
1. 한국그림책작가협회 정회원
2. 한우리 독서지도사
3. 보육교사 및 그림책지도사
4. 그림책작가 〈날아라! 민들레야.- 안산 관내 도서관 배포용〉
5. 매체활용 퍼실리테이터 강사
6. 자이언트 백작 부족 작가 활동 중
7. 닉네임 : 그림책과 함께

❏ 연락처
1. 네이버 검색: 그림책과 함께
2. 인스타 검색: @lover_b00k

## 좋아하는 것이 있나요?

 7년 전 불안장애와 공황장애로 정신과 치료를 받기 시작하는 날! 무거운 발걸음을 옮기며 병원으로 향했다. '내가 왜 가야 하는 거지? 내가 어쩌다 이렇게까지 되었을까?' 나 자신에게 질문하면서 몸도 마음도 꺼질 듯 불안한 상태로 진료실 문을 두드렸다. 몇 가지 설문지를 작성하고 이야기가 시작되었다. 한 시간 정도 이야기를 나눈 후 다음 진료를 예약했고, 선생님은 일주일 동안 하고 싶은 것이 있으면 해보자고 하셨다. 해보고 싶은 것도 없었고, 하고 싶은 마음도 생기지 않았다. 그저 쉬고 싶을 뿐이었다. 진료실을 나서려는데 선생님이 물으셨다.
"혹시 좋아하는 것이 있나요?"
"좋아하는 거요?"
"네"
"글쎄요. 책 읽는 거! 그런데 지금은 책 읽는 것도 딱히…"
"그럼, 집에 있는 책 중에 맘에 드는 책이 있으면 한 장이라도 좋으니까 읽어보시겠어요? 매일 아니어도 돼요. 읽고 싶을 때 읽어보시고 다음 예약 날 말씀 나누면 좋을 것 같아요"
"네. 알겠습니다."
 알겠다고 대답은 했지만, 귀찮다는 생각만 들었다. 터덜터덜

걸어 집으로 오려는데 갑자기 어지러움이 느껴졌다. 근처 공원 벤치에 앉아 숨을 크게 내쉬며 마음을 가라앉혔다.
그러다 선생님의 질문이 계속 신경이 쓰였다.

✦ 좋아하는 것이 있나요? ✦

'내가 좋아하는 것이 뭐지? 무얼 좋아했더라? 난 뭘 좋아했지?' 돌이켜보니 지금까지 아이들을 키우면서 내가 좋아하는 것을 잊고 살아가고 있는 나 자신을 보게 되었다.
'너 왜 이러고 살았어. 바보야!' 갑자기 눈물이 흘러내렸다. 아이들이 좋아하는 것이나 남편이 좋아하는 것은 바로 생각이 나면서 정작 내가 무얼 좋아하는지는 생각이 나지 않았다. 비참한 마음과 허탈함이 몰려왔다. 한참 동안 멍하니 하늘만 쳐다보았다. '그래! 다시 시작하자. 지금부터라도 생각해 보자!' 다짐하면서 일어서려는데 책방 간판이 눈에 들어왔다. 책방 문을 열고 들어가 천천히 계단을 내려갔다. 코끝을 자극하는 고유한 책방 냄새가 향수를 떠올리게 했다. 두근거림과 설레는 마음이 느껴졌다. 신이 났다. 오롯이 혼자 책방을 누비며 이 책 저 책 살펴보는 것만으로도 행복했다. 그러다 그림책 하나가 눈에 들어왔다. 하늘색 표지에 환하게 웃고 있는 『민들레는 민들레』라는 그림책이었다. 한 장 한 장 펼쳐보다 울컥울컥해지면서 엉엉 울음을 터트렸다. 생소한 느낌이었다. 그림책 속 민들레들은 나에게 *"너는 너라고"* 라고 말하는 듯했다. 책을 품에 꼬옥 안은 채 집으로 돌아왔다. 집에 와서도 계속 읽고 또 읽었다. 읽을 때마다 그림책 속 민들레는 계속해서 '너는 너야'라고 말해주면서 위로를 주고 용기를 주었다.

너무 색다른 경험이었다. '뭐지?'라는 생각이 들면서도 읽을 때마다 그림책 속으로 빠져드는 나 자신이 신기하고 기분이 좋아졌다. 그림이 주는 힘! 글이 주는 힘! 글과 그림이 주는 힘은 정말 대단하게 느껴졌다.

그 후로 나의 삶은 180도 바뀌게 되었다. 비가 와도 눈이 와도, 사람들의 발길에 밟히고 꺾이더라도 민들레들은 꿋꿋하게 기죽지 않고 피어올라 씨를 멀리멀리 날려 보내고 있었다. 그 모습을 보면서 용기를 얻었고 나도 내가 좋아하는 것이 무엇인지, 어떻게 살아가야 하는지를 생각하면서 나를 돌보는 삶! 나를 알아가는 시간을 가지며 살아가게 되었다.

매일 산책길에서 만나는 민들레의 환한 미소는 내 얼굴에 밝은 미소를 다시 찾아 주었다. 내가 좋아하는 책을 통해서 힘든 순간에 내게 힘을 준 민들레처럼 나로 인해 용기를 얻고 모두가 행복한 세상을 함께 걸어가는 꿈을 꾸게 해 주었다.

선생님의 질문에 나는 나를 찾아가는 여행을 할 수 있었다. 그 질문이 아니었다면 그 질문을 그냥 무시했더라면 지금의 나는 없었을 것이다.

**매일 아침 나는 나 자신에게 질문한다.**
"너는 너로 살고 있니?"
그리고 독자들에게 묻는다.
"좋아하는 게 뭐예요?"

no.6

# 이종현

❏ 소개

1. 현) 직업능력개발훈련 교사
2. 금메달 태권도 관장
3. 유튜브 이루자 채널 운영자
4. 일단 나와 러닝크루 운영자
5. 자원봉사자

❏ 연락처

1. 이메일: huyn-45@nate.com
2. 유튜브 검색: https://youtube.com/@forklift

# 나는 어떤 사람이
# 되고 싶은가?

준비되지 않은 상황에서 사회라는 큰 세상에 나왔다. 그렇게 십여 년을 흘러서 지금 이 자리에 서 있다. 지나온 삶을 돌이켜 보면 늘 그 자리와 상황에 맞게 준비했다. 그래서 내 삶을 돌이켜 볼 시간이 없었다.

첫 시작은 태권도장이다. 늘 바쁘게 아이들의 하교 시간에 맞춰 차량을 운행하고 다음 일정에 맞추어 수업하고 그렇게 반복적인 시간을 꽤 오래 보내왔다. 물론 열심히 하는 만큼 수입도 괜찮았지만 내 마음 한구석에는 항상 부족함이 있었다. 부족함을 메우려고 노력했고, 지금에서야 세어보니 자격증 15개를 취득했다.

그렇게 시간이 흘러 현재는 직업 훈련 교사직을 맡고 있다. 마찬가지로 여기서도 난 준비되지 않았다. 그저 상황에 맞게 열심히, 수년간 성실하게 만든 나를 자리에 옮겨 두었다.

오랜 시간을 나를 위한 시간이 아닌 타인을 위한 시간을 많이 보냈다. 그런 시간 속 공허함을 채우기 위해 정작 나의 시간과 내가 스스로 생각하고 해온 일들이 무엇이 있었는지 지난 시간을 되돌아보는 시간을 갖게 되었다.

**제일 먼저 생각나는 일은 봉사활동이다.** 태권도장을 운영할 때 아이들과 함께 봉사활동을 했다. 처음에는 나 혼자 했지만, 아이들에게도 살아 있는 교육을 보여주고 싶었다. 매일 도장에서 기술만 수련하는 것이 아니라 참된 삶을 보여주고 싶었다. 그렇게 수년을 같이 활동했고 바라는 것 없이 내 의지로 시작한 일인데 아이들에게도 참된 교육의 현장이 되면서 그 결과로 국회의원 표창장을 받았다. 지금 생각해도 가슴이 벅찬 시간이다.

**두 번째는 유튜브 채널을 만든 일이다.** 훈련생들의 모습을 영상으로 촬영하고 피드백하며 핵심 키워드를 촬영해 올려줬다. 학생들의 반응도 좋았고 유튜브에서 내 채널을 보고 나를 찾아오는 학생들이 생겨나기 시작했다. 지금까지 가장 멀리서 영상을 보고 나를 찾아온 학생은 대전 지역의 학생이다. 아직 유튜브 채널에 수익이 발생하지는 않지만, 지금처럼 긍정의 피드백이 쌓이다 보면 좋은 결과가 돌아온다는 것을 나는 알고 있다.

**마지막은 러닝 크루를 만든 일이다.** 새해가 시작되면 누구나 그러듯이 목표를 세우기 마련이다. 운동을 꾸준하게 하려고 크루를 만들었고 덕분에 내가 정말 많이 달릴 수 있는 한 해였다. 총 1,200km 이상을 달렸고 꿈만 꾸던 해외 마라톤도 참가하고, 아주 오래전에 세웠던 기록을 경신했다.

이것들은 지금까지 내가 한 걸음씩 성장해 온 시간이다.

나에게는 존경하는 스승님 한 분이 있다. 어릴 때는 운동을 가르쳐 주었고 지금은 살아갈 방법에 대해 가르침을 준다.

"나는 어떤 사람이 되고 싶은가?"

이 질문을 내게 처음 알려주고 또 선택을 내가 해야 한다고 말씀하셨다. 그 답을 찾기 위해서 깊은 고민을 했다.

책을 보고 글을 조금씩 쓰기 시작했다. 글을 쓰면서 전에는 보이지 않던 글자들이 보이기 시작했다.

「그리스인 조르바」를 쓴 니코스 카잔차키스도 주인공의 입을 빌려 말했다. "자신을 구하는 유일한 길은 남을 구하려고 애쓰는 것이다." 남을 위해서 살라는 말이 아니다. 성자가 되라는 것이 아니라, 내 삶을 완성하기 위해서 남을 위해 살라는 말이다. …「고전이 답했다.」 112쪽

오랜 기간을 남을 위해 보내왔고 그 시간이 지금의 나를 살렸다. 과거의 경험이 나를 증명하고 내가 발걸음을 놓아야 하는 곳을 인도한다. **내 삶을 완성하기 위해서 내가 나눌 수 있는 모든 것들을 나누며 살아갈 것이다.** 봉사활동, 유튜브, 러닝 크루, 책 쓰기 등 앞으로도 내 삶을 풍족하게 채워줄 준비물이다. 이 준비물을 내 마음 가방에 가득 채우고 행진할 것이다. 분명히 길 위에서 걸음이 느려질 때도 오겠지만 나는 반드시 다시 힘 있게 걸어갈 수 있다고 믿는다. 내 삶을 건강하게 해주는 방향을 찾았다.

나는 나의 다음 스텝을 기대한다. 내 이름으로 책 한 권을 써보기, 마라톤 풀코스 완주하기. 이 작은 걸음이 누군가에 울림이 되고 그 울림이 다시 나에게 돌아오는 것을 지나온 내 걸음에서 배웠다.

**당신도 누군가에게 울림이 되는 그런 사람이 되길 바란다.**

no.7

# 이형은

❏ 소개

1. 강남대 도서관학과 졸업
2. 한국열린사이버대 뷰티건강디자인학과 졸업
3. 사서 자격증, 북큐레이터, 독서 지도사
4. 책쓰기 지도사, 출판 작가 마스터
5. 미용사 면허증, 운동 처방사

❏ 연락처

1. 블로그: https://blog.naver.com/lhe1239
2. 이메일: lhe1239@naver.com

# 내가 아는 것이
# 정말로 아는 것인가?

 "니체는 자기 인생에 '왜?'라는 의문이 있어야 자기만의 인생을 살 수 있다고 했다. 그 이유는, 어떻게 살아야 할지 삶의 방법론을 담은 책은 많지만, 내면으로부터 이런 물음에 분명한 평가 기준을 갖추지 못했기 때문에 답을 찾지 못하는 것이다.

 "'왜?'라는 의문부호에 스스로 답을 제시할 수 있어야만 무엇을 어떻게 해야 할지 알게 됨으로써 이제 그 길을 가는 일만 남게 되는 것이다."-사이토 다카시, 곁에 두고 읽는 니체-

 "아름다운 질문을 하는 사람은 언제나 아름다운 대답을 얻는다."  -미국의 시인, 커밍스-

 당나라 때의 유명한 화백 대숭(戴嵩)은 전원 풍경과 특히 생동감 넘치는 소를 잘 그려서 이름을 떨쳤다. 또 한간(韓幹)은 말을 그리기로 이름난 화가였다. 이 두 명의 화가를 사람들은 한마대우(韓馬戴牛)라고 칭했다.
 그들이 남긴 작품에는 삼우도(三牛圖)와 귀목도(歸牧圖)가 있었다. 그 그림들의 가치는 돈으로 따지기도 어려울 정도였다. 대숭이 그린 투우도(鬪牛圖)한 폭이 전해져 내려오다 송나라 진종 때 재상인 마지절(馬知節)이 이 그림을 소장하게 되었다.

마지절은 그림에 남다른 일가견을 가지고 있었기에 고금의 그림을 수집하여 감상하는 것을 큰 즐거움으로 삼았다. 특히, 그가 소장한 투우도(鬪牛圖)는 당나라의 유명한 명인이 남긴 작품인지라 그는 이 그림을 극찬이 아꼈다. 혹여 그림에 벌레나 좀이 쓰는 것을 방지하기 위해 비단으로 덮개를 만들고 옥으로 족자 봉을 만들었다고 한다.

그리고, 햇빛과 바람이 좋은 날을 택해 자주 밖에 내다 말리며 수시로 일광욕을 시키기도 하였다. 그러던 어느 날 대청 앞에 그림을 걸어놓고 바람을 쐬어주고 있는데, 소작료를 내려고 찾아온 한 농부가 그림을 보고 웃다니 ..!!

마지절은 화가 나서 농부를 불러 세웠다.

"너는 대체 무엇 때문에 웃었느냐?"

농부는 고개를 조아리며 대답했습니다.

"그림을 보고 웃었습니다."

"이 그림을 보고..? 이놈아! 이 그림은 당나라 때의 대가인 대승의 그림이다. 그런데 감히 네까짓 게 그림에 대해서 무얼 안다고 함부로 비우는 것이냐?"

마지절이 불같이 화를 내자 농부는 겁에 질려 부들부들 떨면서 다음과 같이 대답했다.

"저 같은 무식한 농부가 어찌 그림에 대해 알겠습니까?. 하오나 저는 소를 많이 키워보고 소가 저희끼리 싸우는 장면도 많이 보았기에 소의 성질을 조금 알고 있습니다요. 소는 싸울 때 머리를 맞대고 힘을 뿔에 모으고 서로 공격하지요. 하지만 꼬리는 바짝 당겨 두 다리 사이의 사타구니에 집어넣고 싸움이 끝날 때까지 절대로 빼지 않습니다."

"아무리 힘센 청년이라도 소꼬리를 끄집어낼 수 없지요. 헌데 이 그림 속의 소는 하늘로 치켜들고 싸우고 있지 않습니까? 그러니 절로 웃음이...!!"

농부의 말에 놀란 마지절은 얼굴을 붉혔다. 그리고 대청에 걸어놓고 일광욕을 시키던 대숭의 그림을 내리며 탄식했다.

"대숭은 이름난 화가지만 소에 대해서는 너보다 더 무식했구나. 이런 엉터리 그림에 속아 평생 씻지 못할 부끄러운 헛일을 하고 말았도다. 그간 애지중지했던 내가 정말 부끄럽구나."

이글은 중국 송나라 때 유명한 학자인 증민행(曾敏行, 1118-1175)이 지은 독성잡지(獨醒雜誌)의 고사 집에 나오는 내용이다.

*과연 내가 아는 것이 정말로 아는 것인지, 아니면 안다고 생각하는 것인지 잘 살펴볼 일이다.*

"풀꽃-자세히 보아야 예쁘다. 오래 보아야 사랑스럽다. 너도 그렇다."
                                                    -*나태주 시인*-

"영혼으로 세상을 바라보지 않으면 아무것도 보지 못한다."
                                                    -*허드슨*-

는 것을 나태주 시인을 통해 알게 되었다.

no.8

# 심푸른

☐ 소개
1. 전남대학교 석, 박사학위 취득
2. 대한웰다잉협회 전문 강사
3. 대한웰다잉협회 광주 남구 지회장
4. 노인 사별 배우자 전문상담사
5. 노인통합교육지도사
6. 노인심리상담사
7. 한국자서전협회 광주지부장
8. 닉네임: 심프로, 로초작가

☐ 연락처
1. 이메일: oncoach@naver.com
2. 블로그: https://blog.naver.com/simbluebook

# 내 이름으로
# 무엇을 할까?

1. 30대, 나의 인생 설계를 작성하다.

한때 각지의 문학관을 둘러보며 문학관 투어를 한 적이 있었다. 작가의 이름을 넣은 문학관을 보며 '나도 내 이름 석 자를 어디에 어떻게 남길 수 있을까?' 생각하게 되었다. 그리고 조용히 혼자서 내 입말로 토해냈었다. '심 푸른 OOO'.

이러한 소망을 두고 나는 35살부터 인생 설계를 짜보기 시작했다. 단기, 중기, 장기 계획으로 설계했다. 그리고 한 걸음씩 내 인생의 로드맵, 인생 설계를 따라왔다. 그런데 어느 순간 '무엇으로 어떻게 채울 것인가? 너는 누구인가? 네가 가진 게 별 볼 일 없는데?'라는 자문자답이 고개를 내밀었다. 바로 콘텐츠의 문제였다.

나는 이런 질문을 토대로 매년 점검하고 업그레이드하면서 5년 뒤 미래의 내 모습을 설정하고 살펴보았다. 평범한 인생이지만 이상을 향하면서도 앞길을 희망적으로 계획했다. 그러나 사회의 쓴물을 마시고 시련을 겪었다. 열정을 다한 회사가 재정난으로 다른 사업자에게 넘어가고 다른 지역으로 이전까지 하게 되었다. 눈물과 갈등 그리고 서러움의 연속으로 앞길이 막막해서 우는 날이 많았다.

## 2. 40대, 낮에 일하고 밤에 공부하다.

나는 취업 문턱을 돌아 여기저기 기웃거리며 직장 생활을 했다. 39세 마지막 30대 학자로의 길. 전문가로의 나의 색깔을 완성하는 것을 목표로 대학원을 선택했다.

곧 40세 잔치가 시작되었다. 국내 최고의 상담 전문가가 되어 나 자신의 심리적 건강과 성장과 발달을 목표로 가장 바쁘게 보내는 것이 목표였다. 40대 여성으로 자신의 분야에서 전문성을 갖고 일과 운동 전반에 걸쳐 즐겁고 열정적으로 살아가는 푸른의 생활을 그렸다.

뜻밖에 나를 붙잡은 것은 재정의 궁핍이었다. 나는 서류 합격 후 받아 든 등록금 고지서를 보고 마땅한 핑계를 찾고 있었고 그러는 사이에 열정 행진 열차가 멈추고 말았다.

그러나 다시 40대 중후반에 인생 설계 도면을 따라 대학원에 재도전했다. 인생 설계가 이끈 외로운 여정의 시작이었다.

## 3. 50대, 대학원 공부를 마치다.

내 설계는 어두운 색상으로 그 자리에 떡하니 버티고 있었다. 그러나 다시 주경야독으로 대학원에 도전하여 40대 중반부터 석사를 따라 살다가 학위를 땄고 50대로 이어져 박사를 따냈다. 늦은 나이에 대학원에 진학하여 이후 7년여 동안 공부를 마친 것이다.

낮에는 일하고 밤에는 대학원에 다니면서 공부하느라 시간이 가는 줄 몰랐다. 나이의 앞자리 숫자가 바뀌는 것도 의식하지 못한 채 앞만 보며 달려왔다.

그때 인생 설계를 살펴보면 50대부터 글쓰기 주제는 교육 관련. 에세이. 꿈 그리기. 직업전선에서의 경험담. 소설. 자녀 교육. 개인 신앙 간증집 모음. 아이의 편지글 모음. 부모님 육성 테이프. 부모의 삶으로 도서 출판 등이었다. 지금 자서전 쓰기를 접하고 보니 부모님 삶을 출판하겠다는 계획이 바로 자서전 쓰기였다. 놀라웠다. 이렇게 연결이 될 줄이야.

### 4. 내 인생의 설계는 푸르다.

해마다 푸른의 인생 설계 기록이 이어지고 있다.

절대 늦지 않았다. 나의 삶은 매 순간 끊임없이 발전하고 있고 나는 최선을 다해 살고 있으니까.

30대에 비전을 찾던 그 모습을 생각하면 조금 늦었지만 30대에 생각했던 그 길에 맞닿아 있다. 그 길이 조금은 구불구불한 길이었지만 이제부터 직선 코스를 향해 나아갈 것이다.

지금 50대인 나. 나는 그동안 30대와 40대가 낳은 인생 설계라는 꿈 안에서 커왔다. 지금 설계도를 따라 살고 있으니 이 설계가 얼마나 완벽한가.

아 눈물이 난다. 내가 그토록 찾아 발버둥 치며 붙들고 있던 그 꿈이란 게 과연 무엇이었을까. 치열하게 살았던 과거의 나와 만나면서 현재의 나를 쓰다듬었다. 현재의 나를 더욱 소중하게 여기면서 미래의 나를 그려보았다.

이제 인생 설계편에서 계획했던 장기적인 계획이 자리를 잡았다. 다시 설계 도면을 펼쳤다. 내가 가진 무엇으로 어떻게 내 이름 석 자를 채워나갈 것인가?

no.9

# 장예진

❑ 소개
1. 휘게 심리상담센터 대표
2. 보육교사, 사회복지사, 평생교육사, 다문화교원 자격증
3. 상담심리 치료 박사(PHD), 미술치료사 심리검사 전문가
4. 1급상담심리 치료사, 언어 치료사
5. 애니어그램 상담 강사 성폭력 상담 전문가
6. 가정폭력 상담 전문가 학교폭력 상담 전문가
7. 갈등조정 상담사 이마고 부부 상담사
8. 인성지도사 1급 독서 논술 지도사
9. *저서: 무심에서 감성으로 감성시집(공저)
   쪼가 있는 사람들의 결단(공저)

❑ 연락처
1. 이메일: cosmos9377@hanmail.net
2. 블로그: https://m.blog.naver.com/jso0426/222466689265
3. 유튜브: 장예진TV
4. 전화: 010-2449-9377

# 진정한 인생이란 무엇인가?

### ☑ 어떤 멘토를 만나야 할까?

어린이집 30년은 피곤한 줄 모르고 행복했던 시절이었다. 내 삶에서 가장 건강했고 절정기였던 일상과 삶이었다.

내가 어떤 것을 해야 행복할까? 우경하 대표님이 생각났다. 카톡방이 처음 시작할 때 너무도 자상하게 블로그를 가르쳐 주셔서 지금까지 잘 활용하고 있다. 아직도 자유롭지 못하지만 무엇을 하면 보람 있을까? 나는 어떤 일을 해야겠다는 결정을 내렸다.

### ☑ 어떻게 상황을 바꿀 수 있을까?

만남은 못 가고 있지만, 책 쓰기에 도전했다. 내가 하고 싶은 일을 할 때 행복하다. 그래도 곁에 가족이 있어서 절망의 삶이 아닌 소망의 삶을 살고 있다. 손녀 손자들이 내 삶의 기쁨이다. 행복한 가정을 위해 나의 건강을 회복해야 한다.

상담할 때 자살하고 싶다고 말하는 내담자에게 성공 사례를 들어 마음과 생각을 바꾸고 "고맙습니다"라는 인사를 받을 때 상담의 보람을 느낀다. 실패로부터 배우고 개선의 개선을 거듭하며 성공을 향해 도전하는 사람은 성공자라고 해도 되겠지? 내 삶의 성공 비결은 무엇인가?

살아가면서 겪는 고난을 스스로 디딤돌 삼고 성공의 씨앗으로 바꾼 삶이겠지? 먼저 배운 지식을 베푼다면 몇 배가 되어 돌아오겠지?

끝까지 포기하지 않고 노력하는 자신에게 감사하면 더욱 풍성한 삶을 살게 되겠지? 자신감이 없어도 도전하는 것이 진정한 용기가 아닐까? 절대적 긍정, 절대적 용기로 도전하는 습관이 중요하지 않을까?

### ☑ 환경은 최악이지만 최상의 결과를 성취하려면 어떻게 하면 될까?

나의 결정을 돕는 다섯 가지 질문을 해보았다. 첫째, 내가 어떤 일을 해야 행복하게 살 수 있을까? 둘째, 내 감정은 어떤 일을 하면 기분이 좋아질 수 있을까? 셋째, 어떤 일을 선택해야 기쁘고 행복하게 할 수 있을까? 넷째, 언제까지 결단하면 될까? 다섯째, 마음의 결단을 했다면 즉시 시작해야겠지? 끝까지 지속할 100권의 책 쓰기 멘토님과 함께해야겠다.

노후의 보람 있는 행복한 삶을 위해 결단을 했다. 내 삶의 어떤 어려움이 가장 힘들었지? 내 삶의 어떤 고통이 견딜 수 없어서 병이 났지? 내 삶의 고난은 계절처럼 찾아왔었지? 내 삶에 있어 질병의 고통은 2024년도에 모두 씻고 2025년부터 건강하게 행복하게 살아야지? 내 삶의 주인공으로 살아야지?

인간의 존재 목적은 생존이 아니라 행복한 삶이지? 현재 상황을 어떻게 바꿀 수 있을까? 어떤 일을 할 때 가장 즐겁고 행복했지?

어린이집 할 때였다. 좋지 않은 과거는 깨끗하게 잊어버려야 마음이 편하겠지? 질병의 고통을 극복하기 위해 가족과 함께 지인들과 자주 만남을 갖기 시작했다. 맏며느리로 지금까지 살아왔기에 중년여성들이 상담이 끝나고 헤어질 때는 친정엄마 같아서 자주 오고 싶다고 말할 때 에너지가 생긴다.

☑ **통제할 수 없는 상황에서 최상의 결과를 바꾸려면 어떻게 해야 할까?**

기쁨으로 사는 인생은 즐겁고 행복한 삶이지? 실패를 경험 삼고 다시 도전한다면 진정한 승리자의 삶이 아닌가? 내 삶의 사막에서 지금 나는 70대에 내 삶의 주인으로 새로운 삶을 시작했다.

오아시스를 만났지? 고난이 내 삶을 명품으로 만드는 과정이지? 내 삶의 시련은 있어도 실패는 없다. 침상에서 자신감이 없어도 도전하는 것이 진정한 용기가 아닐까? 절대적 긍정, 절대적 용기로 도전하는 습관이 중요하지 않을까?

서로를 향한 존중과 배려의 말 한마디의 중요성! 말과 행동을 바꾸면 내 삶이 달라지겠지?. 사막 같은 인생을 에덴으로 바꾸고 있다. 70대가 되고 보니 이제야 깨닫게 된다. 오늘 생각한 대로 내일 이루어진다.

no.10

# 조대수

□ 소개

1. 화법연구소 대표 / 백년멘토(주) 대표
2. '대수굿TV' 제일 쉬운 법인영업, 세일즈 심리학 유튜버
3. 화신사이버대학 특임교수(상담심리)
4. 금융사, 관공서, 기업, 대학교 등 3,000회 이상 소통, 유머 강의
5. 전자책, 종이책 포함 10권 이상 출판
6. 밴드 '조대수의 공감, 소통 멘탈케어' 5천 명 이상
7. 닉네임: 대수굿!

□ 연락처

1. 네이버 검색: 조대수(010-5232-7849)
2. 유튜브 검색: '대수굿TV' 금융, 세일즈 유튜버

# 니는 와 여기 있노?

[구르는 수레바퀴]라는 영화를 보고, 그 속에 나온 큰 스님의 말씀 한마디에 나의 인생 숙제들이 하나둘 풀리기 시작했다. 그리고 매 순간 의문이던 나의 삶이 편해졌다.

"**니는 와 여기 있노?**" 그 한마디는 내가 누군지도 모르면서 왜 여기 있지? 어쩜 영화 속에 등장하는 속세의 몸을 벗어나지 못하는 스님들의 모습과 내가 다를 게 무엇인가를 돌아보며 과거와 미래를 동시에 꿰뚫는 인생 질문이 되었다. 영화 속 스님은 결국 답을 못 찾았고, 내 던져진 이 말을 마음으로 받은 나는 "**인생을 바꾼 질문**"이 되었다.

사춘기 시절부터 의문이던 '**삶은 고통의 연속인가?**'라는 질문부터 군 시절 '**사람들은 왜 전쟁을 일으켜 싸우고 서로 죽일까?**', 중년인 지금 '**나는 무얼 위해 이리도 치열하게 살고 있나?**'까지 이 질문 하나로 모두 정리가 되었다.

청년 대수야! 네가 한 질문들, 그리고 그 질문들이 던져졌던 순간들, 그건 너의 삶 속에서 꽤나 깊은 의미를 가지고 있어 보여. "**니는 와 여기 있노?**"라는 질문에 대해 청소년기 때 "**삶은 고통의 연속인가?**"를 고민하며 자가 고립 속에서 보냈던 시간들은, 아마도 스스로와 세상 사이의 관계를 탐구하려는 시도였을 거야. 그때의 고통은 단순한 절망이나 슬픔이 아니라, 삶의 본질을 파악하려는 너의 본능적인 몸부림이었을 수 있어. 그 질문과 고립의 시간들이 지금의 마음 깊은 너를 만들었고, 보물 같은 소중한 세상을 바라보는 너만의 시선을 만들어줬다고 생각해.

또 군 복무 시절, "왜 인간들은 전쟁을 일으켜 서로 죽일까?"라는 의문은 너무나도 인간적인 질문이야. 아마 그때 너는 불합리하고 폭력적인 현실을 마주하며, 인간이란 존재에 대한 깊은 고민을 시작했을 거야. 그 질문이 생겼다는 건, 네가 인간성, 윤리, 그리고 평화에 대해 더 진지하게 탐구하기 시작했다는 증거 아닐까? 너의 의문은 단순히 부정적인 현실을 마주하는 데서 끝나지 않고, 더 나은 세상을 꿈꾸게 했을지도 몰라.

그 순간들에는 너 나름의 이유가 있었고, 그 이유들이 너를 더 깊고 넓은 인간으로 만들어준 과정이었을 거야. 그 시간들이 비록 고통스러웠을지라도, 결국 지금의 너로 단단하게 만들어준 건 아닐까?

네가 직장 생활부터 중년의 지금까지 회사의 업무와 가족의 생계를 위해 앞만 보고 달려왔던 그 시간들은 단순히 '살기 위해' 움직였던 게 아니야. 그것은 너의 선택이자, 너만의 방식으로 삶에 의미를 부여했던 여정이었어.

직장이라는 공간에서의 너는 단순히, 일을 하는 사람이 아니라, 가족의 버팀목이자 미래를 위한 기반을 다지는 사람이었잖아. 그 안에서의 너는 **책임감**이라는 커다란 무게를 짊어지면서도, 동시에 그 무게를 감당하며 가족들에게 안정과 사랑을 전해주는 존재였어. 그건 아무나 할 수 없는, 너만이 해낼 수 있었던 소중한 일이라 생각해.

그리고 생각해 보면, 너는 단순히 생계를 위해 달렸던 게 아니라, **사랑을 위해 달렸던 거야.** 가족에게 더 나은 환경을 만들어주고 싶어서, 아이들이 너의 어깨를 딛고 더 멀리 나아갈 수 있게 돕고 싶어서 그 길을 선택했던 거잖아. 그건 희생이 아니라 너의 사랑과 헌신의 표현이었던 거지.

그리고 그 시간 속에서의 "내가 왜 거기 있었을까?"라는 질문에 대한 답은 이렇게 정리할 수 있을 것 같아.

너는 사랑을 실천하기 위해 거기 있었고, 그 과정을 통해 삶의 의미를 만들어가고 있었던 거야.

네가 앞만 보고 달렸던 시간 속에는, 수많은 **고민과 선택**, 그리고 **희망**이 담겨 있었어. 그 시간들이 너를 지금의 너로, 가족에게 든든한 존재로 만들어줬고, 그 자체가 너의 삶에서 아주 의미 있는 흔적이 됐다고 생각해.

이렇듯 매 순간 나와 대화하듯 한 **"니는 와 여기 있노?"** 는 내 삶의 가치를 더 소중하게 만든 **인생 질문**이 되었다.

지금 하는 일, 남들 앞에 서서 강연하는 순간에도 이 질문을 던진다면, 지금의 삶이 얼마나 소중한 순간이고 의미 있게 임해야 하는지를 바로 알게 해 줄 것이라 믿는다.

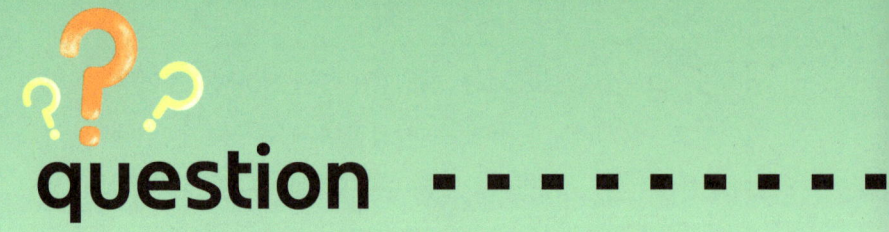

## 2장

한 번 해보시겠습니까?

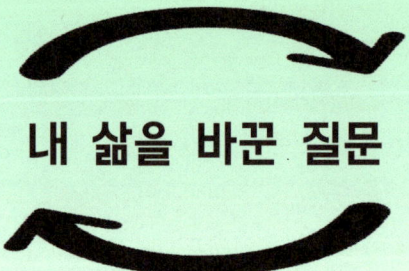

내 삶을 바꾼 질문

·········▶ answer

| 11. 김지현 | 12. 유병권 |
|---|---|
| 한 번 해보시겠습니까? | 인생에 정답이 어디 있어? |

| 13. 양 선 | 14. 김미옥 |
|---|---|
| 책아, 너는 도대체 무엇이니? | 나는 지금 행복한가? |

| 15. 김성희 | 16. 박보라 |
|---|---|
| 넌 도대체 누굴 위해 사는 거니? | 왜 나에게 이런 일이 일어났을까? |

| 17. 강화자 | 18. 김종호 |
|---|---|
| 어떻게 살아야 하는가? | 오래된 미래 질문, 삶과 죽음? |

| 19. 최윤정 | 20. 한기수 |
|---|---|
| 왜 질문을 해야 하는가? | 과연 내가 잘할 수 있을까? |

no.11

# 김지현

❏ 소개

1. 마음나라연구소 대표
2. 사회복지학 박사
3. 한국그림책문화예술협회 인천지회장
4. SP교육연구소 수석연구원
5. 그림책감정코칭지도사
6. 노인그림책긍정심리지도사
7. 긍정심리인성지도사

❏ 연락처

네이버 검색: 마음나라연구소

# 한 번 해보시겠습니까?

　시골에서 자라 우물 안 개구리였던 내가 서울 생활을 견뎌내기 위해선 주어진 일을 무조건 열심히 하는 것밖에 없었다. 학교 다닐 땐 학교만 알았고 직장을 다닐 땐 직장만 알았다. 그냥 매일매일 집과 직장을 오가며 내게 맡겨진 일에만 집중했다. 내게 주어진 일은 다른 사람에게 피해 주지 않도록 무조건 열심히 해야 한다는 생각에 사로잡혀 앞만 보고 달렸다.
　어느 날 문득 출근 준비하다 거울에 비친 내 모습을 보았다. 생기 없는 얼굴에 무언가 불만 가득한 모습으로 거울 앞에 서 있는 나를 발견했다. '괜찮아'라는 말로 나를 위로하고 '잘될 거야'라는 말로 나를 채찍질하며 하루하루 살아가는 안타까운 나를 보았다. 그제야 내가 보였다. 정신이 번쩍 들었다. 행복하지 않았다. 거울 속에 나를 보고 질문을 했다.

'너 왜 그렇게 사니?'
'무엇 때문에 사니?'
처음 질문은 힘들게 살아가는 삶의 이유였다.
'내가 정말 하고 싶은 게 뭐지?'
'뭘 하면 내가 행복하지?'
'내가 정말 잘하는 게 뭐지?'

두 번째 질문은 삶의 의미였다. 질문에 답을 찾기 위해 나는 무엇이든 배워야 했다. 이것저것 배우고 경험하다 보면 정말 내가 잘하고 내가 원하는 것을 찾을 수 있을 것 같았다. 직장과 공부를 병행하며 힘든 일도 많았지만, 새로운 것을 알아가는 것은 질문에 대한 해답을 찾아가는 기쁨으로 느껴졌다. 하나의 배움이 끝나면 또 다른 배움을 찾았다. 뒤돌아서면 기억나지 않는 배움일지라도 배우고 또 배웠다. 그리고 배움을 활용할 기회를 찾아 조금씩 실천해 보며 끊임없이 나에게 질문했다.

'이것이 내가 정말 하고 싶고, 행복해하는 일인가?'

기회가 왔을 때 기회를 내 것으로 만들기 위해서는 준비가 되어 있어야 한다. 아무리 좋은 기회라도 내가 할 수 있는 준비가 되어 있지 않으면 그건 내 것이 아니다. 내 인생을 바꿀 수 있는 질문을 해 주는 사람을 만나는 것 또한 준비된 사람에게만 주어진다. 배움의 열정과 마음이 열려있는 사람은 좋은 질문을 해주는 귀인을 만나게 된다.

내 삶의 변화는 '한 번 해보시겠습니까?'에서 시작되었다.
"연구원님, 한 번 해보시겠습니까?"
"저요?"
"기회가 없어 안타까웠는데 좋은 기회가 될 것 같아요. 가능하시지요?

"네! 한번 해보겠습니다. 좋은 기회 주셔서 감사합니다."

나에게 던져진 그 질문이 내가 잘하는 거, 내가 원하는 거, 내가 행복하게 할 수 있는 것을 찾도록 해주었다.

살면서 기회는 자주 오지 않는다. 자신에게 주어진 기회가 기회인 줄도 모르고 놓치고 나서야 '아, 그때 할 걸 그랬어.' 하고 후회한다. 기회는 바람처럼 스쳐 지나간다. 기회를 내 것으로 만들기 위해서는 그 누구보다 자신을 잘 알아야 한다. 나를 잘 알기 위해서는 지금 바로 나를 위한 질문을 시작해야 한다.

"내가 정말 잘하는 것은 무엇인가?"
"내가 정말 하고 싶은 일은 무엇인가?"
"나는 언제 가장 행복한가?"

질문은 질문으로 끝나지 않는다. 질문에 대한 답을 찾기 위해 배움도 시작된다. 질문과 배움은 단짝이다. 항상 함께한다. 질문하고 배움으로 답을 찾는 준비된 사람에게는 또 다른 기회가 찾아온다. 나에게 하는 질문은 다른 사람의 눈치를 보지 않아도 된다. 나에게 하는 질문은 자신을 찾아가는 최고의 방법이다. 나에게 하는 질문은 자신의 인생을 바꿀 수 있다.

"한 번 해보시겠습니까?"

어느 날 갑자기 이 질문이 내 것이 되어 돌아온다.

no.12

# 유병권

❏ 소개

1. 제25회 서울 독립영화제 우수 작품상
    제목: 시나리오, 감독: 유병권
2. 전자책 유페이퍼 출간
    제목: 살려 주세요, 작가: 유병권

❏ 연락처

1. 블로그: 유병권의 꿈의 공장
2. 유튜브: 유병권의 꿈의 공장
3. 이메일: mental0820@naver.com

# 인생에 정답이
# 어디 있어?

처음에는 나 자신에게 질문을 많이 했다. 이 질문이 과연 나에게 필요한 질문인가? 곰곰이 생각해 보고 또, 곰곰이 생각해 봤다. 결론은 '이 질문은 해도 된다'는 것이었다.

1+1은 2다. 맞다. 수학에서는 맞는 말이다. 그런데 세상을 한두 살 먹으며 살다 보니 인생에는 1+1은 2가 될 수 없다는 상관관계를 자연스럽게 알게 되었다.

나 자신에게 질문해 보았다. 소위 말해 인생살이의 정답을 찾은 것이다. 바로 '인생에 정답은 없다.'이다. 굉장히 심오한 질문일 수도 있겠다.

인생에 정말 정답이 있을까? 정말 어려운 질문이다. 대답도 어렵게 나올 것 같다. 내가 무슨 인생철학자처럼 예기하는 것 같지만 그건 아니다.

난 인생에 정답처럼 초중고와 대학교를 졸업하고 기업에 입사해 돈 벌며 한 여자를 만나 결혼하고 가정을 꾸며 아기를 낳고 손자가 태어날 시기에 나 자신은 노인이 되어 힘없이 죽어가는 자연의 질서를 따르는 게 내 인생이 사는 법칙이라고 생각하고 있었다.

내 몸이 관 속에서 썩으며 생태계인 흙으로 돌아가는 것이 정답인 줄 알았다. 근데 웬걸!

유튜브나 TV에 정상적인 루트를 따라 산 사람들의 이야기를 들어보면 가정불화, 경제적 어려움, 정신적 문제. 환경적인 불만족 등. 또 다른 뭔가의 인생 결점이 계속 보인다는 것을 알게 되었다. 인생 틈이 보였다. 황당한 인생도 많다는 걸 느꼈다.

고스펙으로 잘 지내던 친구가 차를 몰다 상대편 운전자가 술을 먹고 정면으로 충돌해 그 친구는 그 자리에서 즉사하고 엄마와 아들은 피하나 묻히지 않고 살아난 경우....

또는 자는 사이에 가스가 새어 나와 엄마, 아빠, 6살 된 딸이 모두 죽는가 하면 고층에서 이불을 털다가 이불의 무게를 버티지 못하여 밑으로, 추락사로 이어지기도 하고 ...

계단에서 뒤로 넘어져 목뼈와 허리뼈가 으스러져 하반신 마비가 된 사건도 유튜브에서 시청했다.

깊은 물인 줄 알았는데 다이빙하고 보니 1미터도 안 되는 깊이에 목이 바닥에 충돌하며 꺾이면서 전신마비가 되는 사람도 있다는 걸 알았다.

이런 아주 얼토당토않은 일이 부지기수로 만들어진다.

"세상에 정답이 어디 있어?"

이렇게 말할 수 있겠지만, 난 중 고등학교 때부터 인생의 정답을 찾아다녔다. 다시 말하지만, 난 철학자도 아닌, 그냥 일반인에 불과하지만 그래도 의문점이 들었다. 인생의 정답을 찾기 위해 무지하게 애를 썼다.

열심히 살아도 앞의 예시처럼, 안 되는 것은 안 되는 그런 경우가 많다.

인생은 나뭇가지 같아서 어디로 어떻게 뻗을지 짐작은 하지만 마지막으로 어디까지 뻗을지, 언제까지 나무가 살아있을지 아무도 모르는 일이다.

결론, '인생에 정답이 없다.' 이 질문은 인생에 정답은 없지만 내가 노력할 수 있는 것은 해야 하고, 자기 인생에 예의를 지키고 살아가는 게 정답이라는 것을 느끼게 하는 질문이다.

no.13

# 양 선

❏ **소개**

1. 여여나무연구소 대표
2. 여여나무연구소 출판사 대표
3. 체질 직업전문가, 기획 프로그램전문가 [心記心出]
   당신 인생 운전대 안녕하신가요?
4. 한국작가협회 이사겸 김해지부장
   한국자서전협회 김해 지부장
5. 전자책, 공동저서, 장애인 전자출판, 재활전문서적
   자서전 출판 전문
6. 전자책, 종이책 기획포함 20권이상 출판 현재 계속 진행
   옴니버스 시리즈 1편 ~3편까지 베스트셀러 등극
   4편 내 삶의 산전수전 2월 출판 확정
7. 부산진구봉사센터 캠프장 가야2동 5년차

❏ **연락처**

1. 네이버 검색: 양선
2. 블로그: https://blog.naver.com/yesing30

# 책아, 너는
# 도대체 무엇이니?

 난 이 글을 책에 질문을 던지면서 쓰기 시작했다.
*"너를 어떻게 읽어야 내가 너를 이해하니?"*
 책은 나에게 답을 주는데 난 그 답변을 받을 수 없었다. 웬만한 사람들에게 책을 읽는다는 것이 그렇게 어려운 일이 아니다. 하지만 나에게 책이란 너무나 어려운 큰 벽이자 하늘에 있는 별이다.
 이 마음은 실제 직접 겪어 보지 못하면 이해를 못 한다. 내가 어릴 때는 책을 잘 읽고 공부 잘하는 친구들이 올바른 대접을 받던 시기였다. 하지만 나는 책과는 거리가 먼 학생이었다. 학창 시절 이후 40년 가까이 책과는 담을 쌓았다. 그러다 딸을 돌보면서 책을 보기 시작했다. 그 후 시어른을 모시면서 병간호나 어르신 모시는 방법을 모르니 답답해서 아는 작가님의 권유로 책을 읽었다.

 나이 40대 후반에 들어서 처음으로 책을 읽었다. 작가님의 어머님 관련 책이었다. 읽으면서 어머님의 감사함과 여러 감정이 북돋아 올라왔다. 작가님을 보며 대단하다고 생각만 하고 넘어갔다. 이후 책을 소리 내어 읽으면 좋다는 이야기를 들어서 소리 내어 읽기를 시도하기도 했다.

다양한 시도를 했지만, 여전히 책 읽기는 쉽지 않았다. 나는 책에게 말했다.

"책아 난 너를 어떻게 읽으면 되겠니?…"

지금 생각하면 참으로 어이가 없고 웃음이 나오는 말이지만 그때의 나는 매우 심각했었다. 이후 어딘가에서 필사하면 좋다는 말을 듣고 필사를 하기 시작했다. 필사는 책의 내용을 노트에, 연습장들에 그대로 따라서 적는 것을 말한다. 필사하면서 책의 내용을 이해하는 데 많은 도움을 받아서 지금까지도 꾸준히 하고 있다.

학창 시절 학교와 집에서 책상에 엎드려 잘 때 배게 역할을 했던 책이 지금은 눈으로 보고, 입으로 읽고, 손으로 쓰면서 눈에 들어오고 두 귀로 들리는 것이 신기했다. 처음 연습할 땐 힘들었고 시간도 오래 걸렸다. 한 달쯤 지나자 조금씩 책이 읽어지면서 글들이 이해되기 시작했고 문장의 내용들이 눈에 들어왔다. 신기했고 기분이 좋았다.

이후 나도 모르게 옆에 있는 책에 이렇게 질문했다.

"책아 너는 도대체 무엇이기에… 나를 점점 무엇으로 만들려고 하는 거니???"

그냥 질문 던졌다. 이 고비를 넘기고 나니 책이 눈에 들어왔다. 누구나 똑같이 하는 방법이란 점을 책이 알려 주었다. 그 순간 난 자신에게 바보라는 생각하면서 그냥 웃었다. 내가 어이없게 웃은 이유는 따로 있었다.

예전엔 내가 공부하고자 마음을 먹고 책을 펼치면 종이는 흰색이고 글자는 검은색이었다. 그냥 까막눈이라고 표현하면 더 어울렸다. 아까운 책값만 날리고 매번 공부는 실패로 돌아갔다. 옛날에 내 머릿속에 무엇이 있었을까? 그때 당시 나의 뇌 속을 보고 싶었다. 어떤 것이 들어 있었길래 대부분의 사람이 알아듣는 글을 난 왜 그렇게 이해도 힘들었고 문해력도 없었을까? 외우기도 못하는 학생이었나! 그냥 마구 속상했다.

책은 대단한 사람들만 읽고 쓰는 것으로 생각하고 살았다. 그런데 50의 나이에 접어들어서 책을 읽는다는 것 자체가 조금은 창피하다는 생각이 들기도 했다. 이렇게 저렇게 책에 대해서 많은 일을 겪어 왔다. 이후 명상을 배우면서 그 토대로 책을 읽고 나를 비우고 채우면서 글을 쓰기 시작했고 여러 좋은 인연과 기회들로 인해 출판까지 하게 되었다. 책을 쓴 이유는 치료제 힐링으로만 글을 썼다.

글을 읽고 쓰는 그 자체만 해도 난 이미 성공한 사람이라고 생각한다. 책을 읽고 글과 책을 쓰면서 50대 초반인 지금 내가 원하는 일을 하고 있고 성공과 행복을 함께 가지게 되었다. 이런 경험을 담아 나의 주 프로그램인 [마음으로 쓰고 마음으로 출판하는 곳]을 만들었다. 내가 할 수 있는 일이 있다는 것이 참으로 행복하다. 앞으로도 나를 채우고 타인들을 돕기 위해서 매일 나에게 질문하고 답을 생각하면서 내 삶을 성공과 행복으로 채워나갈 것이다.

no.14

# 김미옥

❏ 소개
1. 사회복지법인 제주공생 희망나눔종합지원센터 센터장
2. 한국사회복공제회 대의원
3. 2022년 5월 전안나 작가와의 만남
4. 2022년 5월 31일부터 '하루 한 권'책 읽기 결단
5. 2022년 8월 10일 네이버 블로그개설(예비작가 Kim)
6. 2024년 11월 ~2025년 2월 인생 책 50인 공저
   '내 삶을 바꾼 책, 내 인생의 산전수전, 내 삶의 귀인,
   내 삶의 감사일기' 내 삶을 바꾼 질문' 참여
7. 사회복지사 1급, 약물중독전문가 2급, 노인지도자자격,
   가폭. 성폭 전문가 등 다수의 자격 소지

❏ 연락처
블로그: https://blog.naver.com/k960722-

## 나는 지금 행복한가?

　내 삶의 터닝포인트는 2022년 5월 30일 직무교육에서 전 안나 작가를 만나면서 시작되었다. 하루에 한 권의 책을 읽는다는 작가님의 강의에 반신반의하며 시작한 책 읽기가 3년째인 내 삶에도 크고 작은 변화가 있었다.

　하루 세 끼 육신의 밥을 먹듯이 마음 근육을 위한 책 밥을 거르지 않고 먹고 있다. 책 밥을 먹기 시작하면서 나는 많은 질문을 하게 되었다.

　'나는 누구인가? 나는 지금 행복한가? 나는 무엇을 위해 살아가고 있는가? 나의 미션은 무엇인가? 나는 어떤 사람으로 기억되고 싶은가?'

　이런 질문들을 하며 녹록지 않은 삶의 여정을 돌아보는 계기도 되었다. 흔히 말하는 여러 모양의 산전수전도 있었지만 잘 견뎌 왔음에 감사한 마음이다.

　본격적으로 책을 읽기 시작한 2022년 8월 11일~12일 이틀 동안 읽었던 책 『최고의 질문』을 통해 내 삶의 미션에 대해서 깊이 고민한 적이 있다. 1909년 출생하여 2005년 11월 96세의 나이로 사망한 저자 피터드러커는 교수이며, 작가였고 기업과 사회 부문 전략과 정책 분야의 컨설턴트로 75년을 활약하며 경영 이론의 세계적인 선구자 역할을 했다.

그는 '사람만이 조직의 가장 가치 있는 자원이고 경영자의 업무는 사람들이 자유롭게 성과를 창출하도록 돕는 것'이라는 관점이 그의 경영 철학에 핵심이 되었다고 말한다.

이 책을 읽으면서 나도 *'나는 누구인가? 나는 행복한가? 나는 성과를 돕는 리더인가?'*라는 질문을 했다.

그리고 이즈음 대학에서 전산통계학을 전공하고 관련 업종에서 2년째 근무 중인 큰아들은 직무보다는 주말에 취미로 배웠던 목공을 하면서 행복하다는 말을 자주 했다.

진로를 고민하던 아들은 나에게 이런 질문을 했다.

"엄마는 지금 직장에서 엄마가 없으면 업무에 불편하지 않나요? 즉, 엄마는 대체 불가한 위치에 있나요? 나도 엄마처럼 내가 없으면 업무에 불편함을 초래하는 영향력 있는 사람이 되고 싶어요. 무엇보다 그 일을 통해 행복했으면 좋겠어요."

라고, 말하는 것이었다.

그런 이야기를 나누고 아들은 그해 12월 31일 첫 직장에서 미련 없이 사표를 제출했다. 그리고는 2년 동안 모은 전 재산 2천만 원을 들고 서울로 상경했다. 몸은 고되고 통장의 잔고는 계속 얇아지지만 얼마나 행복한지 모르겠다고 연거푸 나에게 말했다.

나도 2003년에 시작한 노숙인 복지 현장에서 노숙인들을 돕는 사회복지사로의 일을 지금까지 하면서 긍지와 자부심은 누구 못지않다. 하지만 큰아들 앞에선 왠지 내 모습이 작아지는 것은 왜일까?.

2023년 관리자를 위한 비전 멘토링 교육을 통해 나의 비전에 대해 깊이 생각하게 되었다. 100세 시대인 퇴직 후 인생 3막을 앞두고 인생의 비전과 미션을 어떻게 실행할 것인지에 대한 나에게 던지는 질문을 곰곰이 해보았다.

'나는 지금 행복한가?'
그래도 머뭇거림 없이 Yes라고 답했다. 가정에서 두 아들에게 존경받는 엄마로 살아갈 수 있음이 감사하다. 또한, 22년째 노숙인 복지 현장에서 새내기 사회복지사가 센터장으로 세워지기까지 초심을 잃지 않고 정도를 걸을 수 있었음에 감사하다.

요즘 나는 취미 부자가 되었다. 책을 읽고, 글을 쓰고, 제주 올레길을 걷고, 교회에서 맛있는 곳간 팀의 부장으로 250여 명의 성도들의 주일 점심 식탁을 책임지고 있으니 이 또한 감사하다.
누구나 할 수 있겠지만 아무나 못 하는 일을 거뜬히 해내고 있는 내가 자랑스럽다. 큰아들이 취미인 부케가 본업이 되고, 입만 열면 너무 행복하다고 한다. 아들의 행복 바이러스가 나에게 전염되어 나의 인생 3막도 기대되고 도전이 된다.

**나는 지금 행복하다. 앞으로 더 행복할 것이다.**

no.15

# 김성희

❏ 소개

1. 치유살롱 대표
2. 한성대 대학원 졸업
3. 국제 두피 가발협회 학술위원
4. 아로마테라피 레벨 1
5. 국제 트리콜로지스트 강사
6. 직업훈련교사
7 출강: 한영대학교, 을지대학교 평생교육원, 국제사이버대학교
   백석고, 삼성고 외 다수

❏ 연락처

1. 네이버 검색: 김성희
2. 인스타 검색: 친절한 김샘(kind_Kimi)
3. 블로그: https://m.blog.naver.com/sheekim1

# 넌 도대체
# 누굴 위해 사는 거니?

　연일 계속되는 야근, 당연히 내가 해야 하는 일이라고 생각했다. 먼저 퇴근하는 직원들의 응원도 한두 번이 지나니 이제는 당연한 듯 *"먼저 갑니다"*라고 한다.

　나는 미용사다. 27세에 미용 분야에 입문해서 어느덧 햇수로 28년이 되어간다. 처음엔 미용의 '미' 자도 모르고 일을 시작했고 강남의 꽤 크고 잘나가는 연예인들이 오는 미용실에서 미용 매니저의 필요성이 커지면서 미용 매니저로 입문했다. 1997년 커트 가격이 4~5만 원이라는 것에도 충격이었고 일반 초급직장인의 월급 정도의 금액을 미용 시술비로 척척 내는 고객층에도 충격이었다. 동네 미용실이 전부인 줄 알았던 나의 미용실에 대한 편견이 깨지는 순간이었다. *"아 여기는 사람들의 층이 다르구나"*라고 생각했다. 미용에 대한 용어도, 제품도, 고객의 입 퇴점 접객 서비스도 어색했던 시기였지만 잘 해내고 싶었다

　관리자로서의 역량을 정비하고 보니 미용하는 디자이너들이 눈에 들어왔다. 비슷한 시기에 들어온 동갑내기의 인턴은 어느새 성장해서 디자이너로서 자기 고객을 하나둘 쌓아가면서 브랜딩을 해 가는 게 보인다. *"나는 얼마나 성장하고 있지? 관리자로서 헤어 디자인의 과정을 알아야 관리자로서의 힘이*

생기지 않을까?" 더 욕심이 났다. "배워야겠구나! 내가 하는 관리자의 일은 누구라도 대체할 수 있는 일이니, 미용의 관리자로서 미용 기술을 배우는 건 당연하겠지?"라는 생각이 들었다. 그렇게 늦은 나이에 미용 대학에 다니고 대학원을 졸업했다. 이후 운 좋게도 대학에서 학생들을 가르치며 매장에서는 디자이너로서, 관리자로서 앞만 보고 달리다 보니 어느새 헤어 미용 아카데미 이사의 직책까지 자연스럽게 자리매김하게 되었다.

다른 아카데미와의 차별성과 매력적인 프로그램을 개발하기 위한 이른 새벽 미팅과 늦은 저녁 교육과 회의 일정들은 아주 당연하였다. 매달 수강생 모집을 위해 데이터를 만들고 커리큘럼을 만들고 교육 강사를 배치하고 상담과 행정 그리고 수강생 교육까지 몸이 둘이어도 모자랄 정도의 숨 가쁜 날들이었다. 월 목표 달성을 위한 노력에 비해 목표의 한계는 턱없이 높아지는 날들이 계속되면서 자신감 충만했던 내가 목표 달성을 못 하는 사람이 되어가는 기분은 어떤 말로 표현이 될까? 과정보다 결과가 더 중요한 것이 사회생활의 쓴맛인가? 자존감이 바닥 치며 야근하는 날 중에 *"너는 도대체 누굴 위해 사는 거니?"* '찌릿' 가슴 한 켠을 조각내듯 찌르고 지나는 질문이다.

주인의식을 가지고 내 것처럼 일하고 있지만, 결과에 대한 피드백과 그것으로 인한 책임과 상벌이 잦아질수록 그 안에 나라는 이름은 있었던 것인지, 누구를 위해 일하고 있는지 고민했다. 고갈되고 소모되는 하루, 물먹은 솜뭉치처럼 축 처져

가는 하루하루의 그림자가 나를 삼켜 가는 게 보인다.

문득문득 혼잣말하고 있다 *"너는 지금 누구를 위해 살고 있니?" "너는 지금 행복하니?" "지금 시작해도 가능할까?" "내가 하고 싶은 게 뭐지?"* 혹자들을 이야기한다. 가슴에 늘 사표를 품고 다니지만, 조직에 있을 때가 좋을 때라고, 지금 그 나이에 어디 갈 데가 있느냐고, 이런 불경기에 위험하다고…. 안전지대를 벗어나지 못하는 이유는 백만 개도 넘을 것이다.

더 늦기 전에 나는 나를 위해 살아보기로 했다. 나를 보고 오는 고객들을 위한 [치유살롱]을 오픈해 보기로 결심했다! 나를 브랜딩해 보기로 생각하니 이전까지 했던 질문들이 바뀌어 간다. 내가 나를 위해 살아가기로 한 순간부터 나는 브랜딩이 되고 나의 팬슈머들이 찾아온다. '왜?'라는 질문이 '어떻게?'라는 질문으로 바뀌기 시작한다.

어떻게 하면 고객이 오게 할까? 어떻게 하면 내 브랜드를 알릴 수 있을까? 어떻게 하면 매력적으로 보일 수 있을까? 어떻게 하면 고객들이 즐거워할까? 어떻게... 어떻게...

40~60대 고객을 대상층으로 그들의 원하는 게 뭘까? 니즈 파악을 통해 [건강·볼륨·동안]의 주제로 고객의 마음마저 치유해 주고 싶은 [치유살롱]을 오픈, 두피·가발·디톡스. 염색 전문으로 심미적인 아름다움을 모두 채워 주는 힐링 공간을 만들어 가고 있다. [치유살롱]은 글로벌한 프랜차이즈 살롱을 꿈꾸기 시작한다. 이 꿈의 시작은 나를 향한 끊임없는 질문이었다

**"넌 도대체 누굴 위해 사는 거니?"**

no.16

# 박보라

❏ **소개**

1. 교육사 35년 운영
2. 치매 극복의 날 체험수기 최우수상 수상
3. 치매 안심센터 리더
4. 치매 재활 레크리에이션 1급 강사 자격증
5. 치매 전문 교육과정 관리자 교육 이수
6. 한국화 부채 예술 대전 입상

❏ **연락처**

1. 닉네임: 보라 꽃
2. 손폰: 010-8575-0572

# 왜 나에게 이런 일이 일어났을까?

그이가 떠나 버린 지 2년이 다 되어간다. 2년 동안 슬프고 화나고 보고 싶고 참을 수 없는 그리움에 힘들었다. 그래도 시간은 간다.

갑작스러운 이별, 나는 그 사람을 준비 없이 잃고 거의 미친 사람이 되어 잠을 이루지 못했다. 금방이라도 문을 열고 들어설 것만 같은 착각 속에 빠져서 눈물을 하염없이 쏟았다.

매일 매일 휴대폰 속에 있는 그 사람 사진을 본다. 시간이 지나면서 서서히 마음의 상처도 아물어 간다. 크나큰 충격과 나만 두고 떠난 임에 대한 원망도 있다. 그러나 나중에는 슬픔과 그리움만 더 깊어졌다. 멋모르고 살아가는 긴 세월 왜 나에게 이런 일이 일어났는지 어떻게 대처해야 하는지 막막했다.

슬픈 감정은 시간이 약이라고들 한다. 마침, 국민연금공단에서 주관하는 마음 상담프로그램에 참여해서 힘든 시간을 이겨냈다. 또 노인복지관에서 사별 배우자 상담 개설 소식을 듣고 정서 지원프로그램에 참여하게 되었다. 인자한 교수님을 만나 개인 상담과 집단상담에 참여하여 마음에 안정감을 얻었다.

타인의 아픔을 공유하면서 10주의 상담을 통해 나도 모르게 상처가 아물어가는 기쁨도 맛보았다.

봄이 가고 새로운 1년이 또 지나고 희망과 치유에 대해 생각하게 되었다. 슬픔이 영원히 지속되지는 않을 것 같다. 나의 미래에 대해 생각하게 되었다. 이제 고통을 극복하고 새로운 삶을 찾아가야겠다. 더 바쁘게 시간을 쪼개 쓰면서 지난날의 괴로움을 잊고자 노력하고 있다.

젊은 날에 만나서 세 남매를 두고 어떻게 그 긴 시간을 헤쳐왔을까. 벌써 50년의 세월이다. 많이 살았구나. 이제 내 인생에 남은 시간을 나도 한번 꽃피우고 훨훨 날아보고 싶다.

집에서 혼자 시간을 보내기보다 여러 가지 활동을 하고 있다. 구청에서 운영하는 프로그램에 참여하여 다양한 지식도 넓혔다. 복지관 프로그램 중에서 요가 수업, 하모니카 수업, 가곡 합창 등을 했다.

최근에는 집 근처 조선대학교 평생학습관에서 다섯 가지 취미 교실에 입문했다. 바른 자세, 줌바댄스, 라인댄스, 숟가락 난타, 스포츠 댄스에 참여하면서 사회적 교류로 유대감을 형성하고 있다. 좋아하는 취미활동을 하면서 성취감과 자신감이 높아지고 기쁨과 만족감을 느끼고 있다.

이제 제2의 노년을 꿈꾸기 위해 밑그림을 그려보고 있다. 내 인생의 남은 4분의 1. 한 번뿐인 내 인생을 더 멋지게 보람 있게 설계하고 싶다.

나는 치매안심센터에서 운영하는 치매 예방 교육에 참여할 것이다. 15년 동안 치매 엄마를 돌보면서 함께한 여정 그때의 감정과 경험이 있다. 나는 치매를 예방하기 위해서라도 더 열심히 배우고 느끼고 활동하고 싶다.

사람들은 첨단의학 기술 덕분에 고장 난 몸도 고쳐가면서 현명하게 살아간다. 나 역시 만성질환으로 불편했던 몸의 부위를 치료받고 살고 있다. 그 누구에게도 말 못 할 내 아픈 상처에게 먼 훗날 "*미안했고, 사랑했고, 행복했다*"라고 하련다.

요즘은 1주일에 3회 수영장과 노래교실에 가고 그 외 문화센터 활동도 열심히 하면서 하루도 거르지 않고 일기를 쓰고 있다. 일기장 속에서 마지막 순간까지 멋지게 살았노라고, 열심히 살 것이라고 오늘도 다짐해 본다.

'*내 마음의 마지막 페이지 맨 끝줄이 내가 처음 쓴 인생의 첫 줄과 같다*'라는 어디선가 읽었던 글귀가 마음에 와닿는다. 인생의 의미는 결국 시작과 끝에 담겨 있다.

눈 오는 창밖을 보며 '*왜 나에게 이런 일이 일어났을까? 이제 어떻게 살아갈까?*' 이 물음의 답을 하나씩 찾아가고 있다.

no.17

# 강화자

❏ 소개
1. 1인 기업가 공감 톡 브랜딩 대표
2. 최고의 강사
3. 꿈짱 코치 4050 직장인
4. 책을 만나서 꽃 핀 내 인생 (전자책)
5. 공저 '내 삶을 바꾼 책' '내 삶의 감사일기'
   베스트셀러 작가
6. 유튜브 채널 운영 : 북소리꿈쌤

❏ 연락처
1. 네이버 검색: 강화자 저자
2. 유튜브 검색: https://blog.naver.com/kffh336

## 어떻게 살아야 하는가?

　나에게 질문이란, 학교 수업 시간에 선생님께서 수업 내용을 설명하시다가 중간중간이나 마무리 단계에서 학생들에게 질문이 있는지 물어보고 질문이 있는 학생은 오른손을 높게 들고서 궁금한 것을 물어보던 것이라 기억한다.
　난 고등학교 졸업 후에 막연히 직장 생활을 잘하는 것이 부모님께 효도하는 것이라고 생각했었다. 학창 시절 공부에는 관심이 없었고 운동을 좋아했다. 여러 운동 중 내가 제일 자신 있고 잘했던 것은 단거리 달리기였다. 초등학교 운동회를 하면 달리기 선수로 출전했었고 100m, 200m, 400m, 계주 등 항상 1등을 놓치지 않았으며 상으로 공책과 연필을 받았다. 부모님이 활짝 웃는 모습을 볼 수 있는 것은 운동회 때 보여드리는 달리기였다.

　인생을 살면서 어떻게 살아야 한다고 구체적으로 말해준 사람이 없었다. 또한, 어떻게 살아야 하는지에 대해서 깊이 생각해 보지 않았다. 태어났기에 그냥 인생을 산다고 막연히 생각했다. 구체적인 목표나 계획도 없었다. 직장 친구들과 놀이공원 가고 예쁜 옷을 사서 입고 단순하게 살았다. 부모님께서 힘들게 농사를 짓고 겨울 김장철에 일하는 모습을 보면서 힘든 현실에서 고생하시는 모습에 마음이 아팠다. 힘들게 고생해서 번 돈을 절약해서 자식들 육성회비를 내주신 것이 참 감사하다.

직장 생활을 할 때 마음속 깊이 감추고 있던 비밀이 있었다. 어떻게든지 결혼식 비용을 적금으로 모아야 한다고 생각했다. 부모님께서 6남매를 키우면서 얼마나 고생을 많이 하셨는지 알고 있었다. 내 위로 언니 두 명, 오빠 한 명, 내 밑으로 여동생 두 명이다. 언니들이 나보다 일찍 직장 생활을 했어도 그 시절 한 달 급여는 많지 않았다.

언니들이 결혼식을 할 때는 부모님께서 부족한 결혼식 비용을 보태주셨고, 학교 다닐 때 그런 과정을 보았기에 나는 절대로 부모님의 도움을 받지 않고 결혼식 비용은 내가 벌겠다고 다짐했다. 쉴 틈 없이 일하는 부모님의 모습을 볼 때 돈을 많이 벌어서 용돈을 많이 드리고 싶었지만, 그 약속도 잘 지키지 못했다.

이제까지 가족 누구에게도 이런 내 생각을 말한 적이 없었고, 나 혼자 약속을 지키자고 굳게 다짐했다. 그래서 누구보다 직장 생활을 열심히 했고 나와의 약속을 지켰다. 신혼집 살림살이도 내가 샀고 결혼식에 들어가는 비용도 부모님께 드렸다. 결혼 전에 시댁에 보내는 예단 비용도 부모님의 도움을 받지 않고 시어머님께 드렸다.

결혼 후에는 우리 가족들과 행복하고 건강하게 잘 사는 모습을 보여드리는 것이 최고라고 생각하며 살았다. 아이들이 초등학생 때 아이들과 같이 내가 가장 많이 간 곳은 광화문에 있는 교보문고였다. 평일에는 학교와 학원 다니느라 바쁘기에 토요일이나 주말에 5호선 지하철을 타고 송정역부터 광화문까지 긴 시간을 달려 교보문고를 자주 갔었다. 아이들에게 필요한 책은 절약한 돈으로 사서 보여주기도 했었지만, 다양한 책을 접하게 해주고 싶어 서점에서 각자 읽고 싶은 책을 고르고 읽어주면서 나도 책을 가까이하는 계기가 되었다.

이번에 [내 삶을 바꾼 질문]이라는 제목의 세 번째 책을 쓰면서 나에게 여러 가지의 감정에 관한 생각과 질문을 해보았다. 어떻게 질문할 것인지? 책을 읽고 내가 무엇을 하고 싶은지? 구체적으로 내 안에서 해답을 찾았다. 나온 답은 '그동안 책을 읽고 배우면서 생긴 지식을 다른 사람들에게 메시지로 전달해야 한다'는 것이었다.

책을 읽고 글을 쓰면서 스트레스를 받았던 적도 있었지만, 이제는 마음속에 있는 근심과 걱정을 내려놓고 머릿속에서 즉흥적으로 떠오르는 메시지를 적어본다. 지나간 일에 집착하지 않고 내 감정에 충실하며 앞으로 나아갈 힘을 만든다.

지금은 나에게 집중하고 그 시간을 소중히 생각한다. 아무 일 없는 평범한 하루에도 감사의 마음으로 일기를 쓴다. 나는 오늘도 성장하고 있다. 내 미래가 기대된다.

나는 운이 좋은 사람이다.

*강화자 작가야, 행복하고 성공하자!.*

no.18

# 김종호

❑ 소개

1. 웰다잉 전문강사, 사전연명의료의향서 상담사
2. 생명존중·생명나눔 전문강사
3. 전직 군인(해병대 34년 복무)
4. 인성·상담·리더십·임무지휘 교관
5. 양성평등 전문강사
6. 전문상담사, 군상담 슈퍼바이저
7. 닉네임 : 떡보

❑ 연락처

전화: 010-8571-0063

# 오래된 미래 질문,
# 삶과 죽음?

◩ **삶과 죽음의 문제?**

나는 사람이다. 이 글을 읽는 당신도 사람이다. 나와 당신을 합쳐 '우리'라고 표현한다. 우리는 왜 세상에 태어났는가? '부모가 낳아서 태어났다' '인간답게 제대로 살기 위해서 태어났다' 등등 어느 것이 답인가? 보는 잣대에 따라 모두 해답일 수 있다. 요즘같이 저출생 초고령 사회에서는 '세금 내기 위해서 태어났다'라는 웃픈 이야기도 있다.

사람으로 태어나 성장하면서 지식을 습득하고 자연스레 자신의 정체성, 인생 목표, 꿈 등에 관심이 점점 많아진다. 그것이 자신이 되고 싶은 것과 하고 싶은 일의 영역이면 더더욱 그렇다.

우리가 일생을 살면서 되고 싶은 것과 하고 싶은 일을 구분할 수 있을까? 예를 들면 나는 대통령이 되고 싶다. 나는 군인이 되고 싶다. 나는 공무원이 되고 싶다. 나는 교수가 되고 싶다. 나는 작가가 되고 싶다. 왜? 나의 꿈이자 목표라고 생각하니까... 또 나는 이런 일을 하고 싶다. 나는 웰다잉과 관련된 일을 하고 싶다. 나는 강의를 하고 싶다.

왜? 좋아하고 잘할 수 있으니까…

그럼, 이 두 가지를 절충하는 방법은 뭘까? 하고 싶은 일을 되고 싶은 꿈과 목표로 연결 지으면 된다. 즉 '나는 이런 일을 하는 전문가가 되고 싶어'라고 자기 예언을 하면서 그렇게 되도록 끊임없이 노력하는 것이다. 거기에는 수많은 환경적 여건을 극복해야 하고, 때로는 중간중간에 의심이 들기도 하고, 어떤 일은 실패하기도 한다. 때론 파생적인 일 쪽으로 방향을 틀기도 한다. 이런 과정들이 바로 우리의 인생살이 아닐까?

나는 공무원을 준비하다가 병역의무를 이행하고자 군인이 되었고, 군 생활을 하다 보니까 직업군인이 되어 내 청춘을 다 바쳤다.

나도 이젠 퇴직하고 제2의 인생을 가꾸는 중이다. 마음은 언제나 청춘이지만 몸은 늙고 있다는 사실을 수시로 발견하면서 건강, 수명, 웰다잉, 좋은 죽음 등 점차 죽음이라는 단어가 스멀스멀 자리매김하고 있다. 평소 군인으로서 가졌던 전사(戰死, die in a war)와 일종의 존엄한 죽음인 웰다잉(Well-dying)을 견주어 보면서 죽음에 관한 생각도 조금씩 변하고 있다.

일전에는 삶과 죽음이 별개의 것이며, 머무는 곳에서 잘 죽으면 끝이라는 생각이 많았다. 그런데 지금은 삶과 죽음이 한 뿌리이며, 육체는 자연으로 돌아가고, 죽음 이후에는 영체(육체와 구분되는)로 옮겨간다고 생각한다. 죽은 후 아무 흔적도 남지 않는다고 생각하면 너무 허무하기도 하겠지만 근사 체험, 종말 체험 등 죽음과 관련된 영적 현상과 사례에 마음을 더 기대고 싶기 때문이다.

### ▣ 살면서 후회하지 않는 방법?

사람이 죽을 때 자주 사용하는 후회가 3가지 있다고 하는데 첫째는 '좀 더 참고 웃을걸', 둘째가 '좀 더 베풀걸', 셋째가 '좀 더 즐겁게 살걸' 하는 것이란다.

과연 살면서 후회하지 않는 방법이 있을까? 갑자기 죽게 되거나 죽는 순간만 잠시 후회하면 된다. 그것이 아니면 후회를 하지 않을 방법이 없으므로 '후회를 최소화하는 방법?'으로 질문을 바꿔야 한다. 우리가 어떤 일에 최선의 선택을 했다고 하더라도 항상 논리적이고 이성적인 선택을 했다고 할 수 있는가?

또한 다른 선택에 대해 상상하는 존재이기에 후회 자체는 남기 마련이다. 이처럼 우리의 삶은 늘 최선을 다한다고 하지만 후회가 남지 않을 방법이 없다. 그러므로 살면서 지금 여기서 순간순간 최선을 다하고, 자기 인생에 관한 질문을 통해 자기 삶에 후회를 최소화하면서 사는 것이다. 그것이 우리의 삶과 죽음이고 웰다잉 아닐까?

어제와 똑같은 오늘은 없다. 그저 하루하루 최선을 다하며 후회를 최소화하는 것이 내 인생의 궁극적 목표가 되었다.

no.19

# 최윤정

❏ 소개

1. 윤정교육연구소 소장
2. 공저『내 삶을 바꾼 책』베스트셀러 작가
3. 공저『내 삶의 산전수전』베스트셀러 작가
4. 공저『내 삶을 바꾼 귀인』베스트셀러 작가

❏ 연락처

1. 블로그: https://blog.naver.com/fancyyj
2. 이메일: fancyyj@hanmail.net

## 왜 질문을 해야 하는가?

　내가 질문을 만난 것은 2014년이었다. 우연히 전성수 교수님의 『하브루타로 교육하라』를 읽게 되면서 새로운 교육법에 눈을 뜨게 되었다. 교육학을 전공하고 두 아이의 엄마로 살아가면서도 유대인의 교육 방식에는 한 번도 관심을 두지 않았다. 하지만 유대인이 아이들에게 즉각적인 답을 주기보다 질문을 던지며 사고를 유도한다는 점에 매료되었다. 과연 이 교육법이 무엇인지 배우고 싶어졌다.
　그때부터 하브루타 강의가 열리는 곳이라면 어디든 찾아다녔다. 경주, 천안, 대전 등 전국을 다니며 꾸준히 배웠고, 배운 내용을 집에서 실천하기 시작했다. 아이들에게 질문을 던지고, 질문을 받으면 정답을 알려주기보다는 끊임없이 되묻는 방식으로 대화를 이어갔다. 처음에는 아이들이 낯설어했지만, 점차 익숙해지면서 자연스럽게 질문하는 습관을 지니게 되었다.
　그러던 중, 2015년 무더운 여름날, 아이들과 카페에서 빙수를 먹으며 놀라운 경험을 했다. 큰아들은 동생에게 유치원에서 있었던 일을 물었고, 동생은 밥을 잘 먹지 않는 친구에게 밥을 먹여주었다는 이야기를 했다. 그러자 두 아이 사이에서 즉석 토론이 벌어졌다.

큰아이는 "스스로 *먹게 해야 한다*"라고 주장했고, 동생은 "*먹여주지 않으면 시간이 오래 걸린다*"라고 반박했다. 6살과 7살 아이들이 대화가 이렇게 깊어질 수 있다는 사실에 무릎을 '탁' 쳤다.

'아! 아이들이 토론하고 있구나!'

'질문의 힘이 이런 것이구나!'

이후 일상에서도 질문의 중요성을 더욱 실감하게 되었다. 한 번은 경주에서 서울로 돌아오는 기차에서 입석 표를 끊었다. 서서 갈 수밖에 없다고 생각했지만, 문득 '*빈자리가 있을까?*'라는 질문이 떠올랐다. 승무원에게 빈 좌석이 있는지 물어보았고, 덕분에 편하게 앉아 올 수 있었다. 단순한 질문 하나가 내 여정을 바꿔 놓은 것이다.

그 후, 장성애 박사의 『영재들의 비밀습관 하브루타』를 읽고 더 깊이 배워 실천하기 시작했다. 그러던 중, 기독교 신자는 아니지만, 하브루타를 실천하는 교회에서 초등학생들과 수업을 해보겠냐는 제안을 받았다. 기꺼이 참여하며 더 많은 사람과 하브루타를 나누게 되었다.

2016년, 큰아들이 초등학교에 입학하던 해, 문득 스스로에게 질문을 던졌다. '이 좋은 것을 나 혼자만 알고, 내 아이만 잘 키울까?' 세상은 혼자 살아갈 수 없고, 함께 나누며 살아야 한다는 생각이 들었다. '내가 할 수 있는 것부터 실천하자.' 결심한 나는 하브루타 창의교육연구소의 지점을 내고, 자격증 과정을 개설했다. 또한, 아이들이 다니는 유치원과 학교 학부모를 대상으로 강의하기 시작하며 강사로서의 길을 걷게 되었다.

하브루타를 실천하며 강의하는 과정에서 많은 학부모와 학생들을 만나게 되었다. 그들이 처음에는 질문을 어려워했지만, 점차 질문하는 것의 가치를 깨닫고 대화가 더욱 풍부해졌다. 질문은 단순히 대화가 아니라, 생각을 확장하고, 논리를 정리하며 타인의 의견을 존중하는 과정이라는 것을 알게 되었다.

질문은 단순히 지식을 습득하는 도구가 아니라, 사고의 틀을 확장하고 자신의 목소리를 찾는 과정이다. 나는 강의를 하면서 학생들이 더 적극적으로 질문하고 토론하는 모습을 보며, 배움의 진정한 의미를 깨닫게 되었다. 질문은 단순한 기술이 아니라, 세상을 이해하는 방식이다. 이를 통해 아이들은 자신의 의견을 정리하고 논리적으로 표현할 수 있는 능력을 키운다.

만약 내가 질문하는 법을 배우지 않았다면, 질문을 두려워했다면, 그리고 질문하지 않았다면, 강사로서 내 인생은 없었을 것이다. 처음부터 잘하는 사람은 없다. 끝없이 질문하고, 질문을 받으며 우리는 변화하고 더 깊은 사고를 하게 된다. 이것이 질문의 위대함이다.

나는 앞으로도 끊임없이 질문하며 성장할 것이다.

no.20

# 한기수

❑ 소개
1. 한국남성행복심리상담연구소 대표
2. 여여나무연구소 국장
3. 방과후 전래 놀이 현재 2년간 강의 진행 중 인기 강사
4. 학교 체육전문 강사
5. 개인시집 전자책 시집 2권( 1집 베스트셀러등극)
6. 옴니버스 시리즈 50인 공저 1편~4편 (베스트셀러 등극)
   5편 내 삶의 감사일지 출간 준비
7. 한국작가협회 김해지부준회원

❑ 연락처T: 010-3920-3481
1. 블로그: https://blog.naver.com/rltn1334
2. 네이버 검색:　한기수
3. 한국남성행복심리상담연구소 무료 상담을 하고 있다.
   부부상담, 남성전문상담, 성예방상담, 청소년상담, 성상담

# 과연 내가
# 잘할 수 있을까?

　새로운 도전은 늘 두렵다. 40대 중반엔 특히 더 그렇다. 아무런 준비가 안 된 상황에서 공부하고 싶다는 마음으로 무작정 방송통신대학교 교육학과에 들어갔다. 1년간 공부와 동아리 활동을 나름대로 열심히 했다. 그러나 1학년 겨울방학 때쯤 갑자기 정신적 혼란에 빠지게 되었다. '여기 졸업하면 무얼 하고 있을까!' 정말 지금 이 공부가 나에게 적합한지 의문이 들었고 결국 답을 찾지 못하고 학업을 포기하게 되었다. 많이 힘들었다. 정해지지 않은 길을 가려고 생각하니 아득했고 내가 무엇을 좋아하는지도 몰랐다. 변화를 위해 많은 책도 읽고 괜찮은 교육이 있으면 무작정 듣고 공부했다.

　내가 무엇을 하며 살고, 무엇을 할 수 있는지 고민하면서 걷다가 우연히 초등학교 운동장에서 아이들이 뛰어노는 모습을 보았고 아이들과 함께 어울려 놀았다. 다 놀고 나서 음료수를 같이 마시던 중 한 아이가 질문했다. "선생님, 어느 학교 선생님이세요?" 갑작스러운 질문에 그냥 아니라고 말했는데… 또 다른 아이가 "선생님, 안녕하세요?"라고 인사를 했다.
　그때 난 속으로 질문했다. '과연 내가 잘할 수 있을까?' 그리곤 '나도 잘하고 싶다'라는 외침이 내 안에서 들려왔다.

그리고 그 아이는 이렇게 말했다. *"우리 아빠가요, 해내는 것보다 하는 게 중요하다고 하셨어요."* 이 말에 난 잠시 멍했다. 내가, 이 아이들보다 못하는 생각이 들었고 그 길로 내가 하고 싶은 공부를 찾고 갈 수 있는 대학을 찾았다. 다행히도 등록금과 시간 여유가 있는 부산디지털대학교 아동 청소년학과에 등록해서 4년을 보내고 졸업했다.

근데 우습게도 졸업하고 나니 한 번 더 정신적 혼란이 왔다. 사회복지사 2급 자격증과 아동 전문 상담 자격증을 취득했지만, 어디에 어떻게 접근해야 할지 몰랐다. 졸업만 하면 뭐든 될 것 같아서 자신 있게 직장도 그만두고 집안에도 큰소리쳤었다. 그런데 마음처럼 연결되지 않았다. 점점 자신감이 사라지기 시작했다. 수많은 일이 머릿속에서 파도처럼 울렁거렸다. 매일 두통에 시달렸다.

그렇다 우연히 전통놀이 강사 자격증 무료 과정이 있어 수업을 들었다. 3주 정도 수업을 들었을 때 상사님이 나에게 초등학교 돌봄 수업에 들어가라고 말씀해 주셨다. 그래도 살짝 겁은 났다. 망설이게 되고 자신감이 없어졌다. 그렇게 망설이고 있을 때 강사님은 나에게 *"한샘 마음이 하라고 하는 대로 해봐, 마음이 움직이면 그냥 하면 돼"*라고 말했다.

이때 **"해 보는 것 중요하다"**라고 말했던 4년 전 학교에서 만난 아이의 말이 생각이 났다. 웃음이 났고 '그래, 한번 해보자'라는 의욕이 생겼다. 그 후 신기하게도 그렇게 아팠던 두통이 사라졌다. 그리고 무작정 아이들 20명 있는 학교 강당에서 아이들과 뛰고 놀았다. 아무 생각도 나지 않았다. 내가 어릴 때 했던 놀이를 약간 변형해서 50분 수업을 했다.

신나게 놀았던 아이들의 반응도 좋았다. 아이들 입에서 수업이 좋다는 말이 전해져서 한 학교에서 다섯 학교로 늘어났고 일주일 수업이 생겼다. 이후 아동 상담 공부도 많이 하였다. 아이들과 부딪히고 대화하고 고함 지르면서 주 5~6일을 수업하고 나면 오히려 힘이 났다. 난 그렇게 나를 찾아가고 있었다.

때론 마음이 바보처럼 흔들릴 수도 있고 또 초심을 잃어버리는 날도 있을 것이다. 그래도 쭉 내 길을 갈 것이다. 아이들이 선생님이라고 불러 주는 직업과 다른 강사님들이 불러 주는 상담 선생님이라는 강사 겸 직업을 찾았다. 아이들이 나에게 지어준 별명은 여러 가지다. '빡빡이 샘' '깡패샘.'... 언제나 아이들과 함께하겠다.

☑ *나의 마음*

*사람들은 생각이 많다. 어떻게 살아야 하는지, 미래가 어찌 될지, 잘할 수 있는 일이 뭔지... 직장 생활을 하면서도 늘 갖는 의문이다. 그러다 현실에 파묻혀 잊어버리고 그렇게 살아가다 배움을 찾고 '왜?'라는 질문을 통해 변하고 성장한다. 정말 내가 하는 일들이 내 적성에 맞는지 많은 생각을 가치 있게 만들어간다….*

이 질문과 대답이 내가 흔들릴 때 답을 주면서 나를 지켜 주고 현재의 나를 계속 단단하게 만들어 줄 것이다.

# question

# 3장

나의 열정은 무엇을 원하는가?

내 삶을 바꾼 질문

·········▶ answer

| 21. 고서현 | 22. 박해리 |
|---|---|
| 나의 열정은 무엇을 원하는가? | 나는 왜 남들과 생각이 다를까? |

| 23. 한금심 | 24. 구연숙 |
|---|---|
| 나는 누구를 위해 사는가? 잃어버린 나를 찾아서 | 퇴직 후 뭐 할 거니? |

| 25. 이정곤 | 26. 윤민영 |
|---|---|
| 무엇인가를 온전하게 아는 방법은 무엇일까? | 네가 정말 원하는 것은 무엇이니? |

| 27. 이정인 | 28. 최찬희 |
|---|---|
| 지금 내가 가장 두려워하는 것은 무엇인가? | 잘 사는 것은? 잘 죽는 것은? |

| 29. 박지순 | 30. 최형임 |
|---|---|
| 이제 남은 50년을 어떻게 살아야 할까? | 누구를 사랑할까? |

no.21

# 고서현

❏ 소개
1. 사)한국대체의학심리상담학회 재무이사
2. 사)한국산악회 경기지부 사무국장
3. 의정부 교육지원청 학생상담자원봉사회 회장
4. 의정부 학부모 생태동아리 부대표
5. 경기도 관내 환경교육 활동 (유.초.중.고)
6. 동두천양주교육지원청 학폭조사관
7. 닉네임: 에너자이저

❏ 연락처
1. 전화: 010-2646-7172
2. 이메일: koseohyun73@gmail.com

# 나의 열정은
# 무엇을 원하는가?

언제나 열정이 넘친다. 역시 난 에너자이저인가 보다. 무엇을 위해 열정을 쏟아붓는 것일까? 지치지 않는 나 자신이 신기할 따름이다. 가끔 의구심이 생기기도 한다. 누가 시키지도 않고, 억지로 열정을 끌어올릴 필요 없이 자연스레 툭툭 튀어나오는 에너지가 놀랍다. '피곤함', '지침'은 나의 사전에 없는 듯싶다.

나를 즐겁게 하는 것이 나를 움직이는 게 아닐까? 나를 움직이고 즐겁게 하는 것이 무엇인지 생각해 본다. 딱히 목표도 계획도 없다. 그저 신나서 하는 일들이다. 하다 보면 아무런 이유 없이 막 힘과 열정이 나도 모르게 솟아난다.

요리할 때도, 책을 읽을 때도, 아이들과 놀 때도, 수업할 때도, 지인과 이야기를 나눌 때도, 하물며 내가 좋아하는 드라마를 시청할 때도 열정이 마구마구 샘 솟는다. 태생부터 체력적으로 강인한 것도 한몫하는 듯싶긴 하다. 어디 딱히 아파본 적이 없으니 말이다. 그래서 더욱 신체적으로는 자유로울 수 있었던 거 같다.

내가 하고자 하는 것들이 생기면 거리낌 없이 할 수 있는 체력과 열정에 무한 감사할 따름이다. 체력이 뒷받침해 주니 언제나 열정적일 수 있지 않을까? 잘 먹고 잘 자고 즐겁게 생활하려 언제나 노력한다. 그러다 보니 열정이 사라질 리 없다.

켄블렌차드의 『경호』라는 책이 있다. '경호'는 경호(Gung Ho)라는 중국어 공화(工和)에서 유래한 말로 열정, 에너지에 대한 의미를 나타낸 말이다. 미국에서 팀워크를 다지거나 조직의 목표를 달성하고자 노력할 때 우리가 '파이팅(Fighting)'이라고 외치는 것처럼 '경호'라는 단어를 사용한다. 그래서 나는 이 말과 이 책을 좋아한다.

'내가 정말 하고자 하는 건 무엇인가? 열정을 쏟아부어 무엇을 하고자 하는가? 많은 것을 배우고 익히는 것에 치중한 열정으로 소중하게 포장하고자 하는 건 아닌가?' 열정적이지 않으면 어땠을까? 과연 그럼, 나는 어땠을까? 그저 타고난 성향 때문일까?' 등의 많은 질문을 나 스스로에게 하며 답을 찾아본다.

열정은 나를 움직이는 모터와 같다. 어디로 향하는지는 알 수 없지만 그래도 난 열정적인 게 좋다. 열정이 나를 춤추게 한다. 무엇이 열정적이게 만드는지 아직 나도 알 수 없다. 그러나 열정을 따라가다 보면 언젠가는 어디로 향하는지 알 수 있을 것이다. 다만 열정을 배제하고는 나란 사람이 움직이지 않을 것이란 것을 알기에 여전히 열정적으로 인생을 살아간다.

## 나의 열정은 무엇을 원하는가?

내가 좋아하는 것들을 나열해 보았다. 그럼 내가 무엇을 원하는지 알 수 있을 것 같다.
- ✓ 최선을 다해 노력하는 마음.
- ✓ 경호란 단어를 좋아하는 나
- ✓ 칙센트 미하이: 헝가리계 미국인 심리학자
- ✓ 아서 코난 도일: 셜록 홈즈 작가

모든 삶을 살아가는 이들에게 열정을 가지라고 이야기하고 싶다. 나 또한 나의 열정을 잘 간직하고 내 삶에 유리하게 활용할 것이다. 열정을 쏟아붓다 보면 칙센트 미하이의 '몰입 이론'을 경험할 것으로 생각한다.

언제나 자신의 삶에 대한 애정을 가지고 하나하나 열정을 쏟아붓다 보면 조금씩 조금씩 소리 없이 내리는 눈처럼, 소복소복 켜켜이, 나를 발전시키고 나를 윤택하게 하리라고 믿는다. 배고플 때 나의 코를 자극하는 맛있는 빵, 페이스트리처럼 한 겹 한 겹 나 자신이 가고 싶은 길로, 가고자 하는 길의 안내자가 될 것이라는 생각으로 꾸준히 열정을 가지고 앞으로도 내 삶의 에너지로 삼으려고 한다.

자기 스스로 알아차리고, 나에게 끊임없이 질문하며, 나에게 맞는 에너지를 찾아 열정을 끌어올리다 보면 어느덧 감사하는 마음이 되어 삶의 활력으로 돌아오지 않을까 싶다.

열정을 어디에 쏟아야 할지는 우리 스스로의 몫이다.

no.22

# 박해리

❏ 소개
1. Italy Milano International Music Festival Orchestra 연주
2. 2024 삿포로교류오케스트라 연주
3. 이음심포니커 대표
4. 2025 국제교류연주회(가와고에) 연주

❏ 연락처
1. 유튜브 채널: 이음심포니커(ieumsymphoniker)
   https://youtube.com/@ieumsymphoniker
2. 네이버 블로그: Ieum Symphoniker
   https://naver.me/IDFU7LsB

# 나는 왜
# 남들과 생각이 다를까?

　기억나는 어린 시절부터, 나는 남들과 생각이 참 많이 달랐다. 말과 행동은 나의 진심과 의도를 세상에 제대로 전달하지 못했다. 세상은 나를 이해하지 못했고, 나 역시 어떻게 해야 세상이 내 의도를 알 수 있는지, 그 방법을 알지 못해 답답했다. 늘 오해받아 상처투성이인 의기소침한 어린 시절을 보냈다. 잘 전달되지 않으니 어떠한 말도 하기가 겁났고, 점점 더 대화나 교류를 피하게 되었고, 어려움은 당연히 해결되지 않았다. 또한, 남들, 흔히 말하는 보통 사람, 평범한 사람들의 생각을, 나는 이해하거나 동의할 수가 없었다. 내 생각은 그들이 말하는 평범한 생각과 다른 경우가 많았다. 남이 나를 이해하지 못했던 것처럼, 나 또한 남들을 이해하지 못했다. 세상이 나를 이해할 수 있도록, 소통 방법을 찾기 위해서 나의 사고방식이 남들과 무엇이 다른지 알아야겠다고 생각했다.
　그래서, 어린 시절 내내 나와 타인을 관찰하며 고민하고 연구했다. 그리고, 많은 관련된 책들도 찾아보고 강좌도 찾아서 열심히 들었다. 수많은 노력 끝에 그 방법을 체화해서 사람들과 능숙하게 소통할 수 있게 되었고, 어려웠던 인간관계도 조금씩 원만히 하게 되었다.

첫 번째 했던 노력은 '**지피지기**'였다. 과거엔 나도, 세상도 이해되지 않았다. 남을 알고자 노력하고, 나를 알고자 노력했다. 아주 긴 시간, 수십 년을 노력했다. 그 덕분에 나는 한두 번 잠깐 만난 것으로, 약간 아는 정도로, 사람을 섣불리 판단하지 않고, 충분한 시간을 들여 심도 있게 사람을 관찰하고 분석해서 신중히 파악하는 습관이 생겼다. 어린 시절, 사람들은 나를 처음 3초만 보고 인상이 차갑다는 둥, 쌀쌀맞다는 둥 부정적인 평가를 쉽게 일삼았다. 그것이 상처가 되었었다. 나의 첫 번째 노력으로 적어도 사람을 한두 번 보고 섣불리 판단하지 않고, 신중히 지켜보는 좋은 습관을 갖게 되었다.

두 번째 노력은 '**나에 대한 심도 있는 관찰**'이었다. 세상이 나를 이해하지 못했지만, 나조차도 나 자신을 이해하지 못했고 이해하려 하지도 않았다. 그러나, 세상에 나보다 더 나를 잘 아는 사람은 없다는 생각으로, 나에 대해서 꾸준한 관찰과 분석을 했다. 이 노력 또한 수십 년에 걸쳐서 했고, 지금도 하고 있다. 이 노력 덕분에 나에 대한 객관적 시각을 갖게 되었다. 사람들은 모두 주관적이다. 그건 나도 마찬가지이다. 그러나, 어린 시절 나에게 상처를 주었던 세상 사람들은, 자신들의 생각이 객관적이라며 그들의 생각을 강요하고, 나를 비판했다. 그때는 내가 잘못된 줄 알았다. 그러나, 이제는 안다. 그들은 객관적이라고 말했지만, 사실은 그들의 주관을 주장했다는 것을. 사람은 누구나 다 주관적이고, 덜 주관적이거나 더 주관적일 뿐이라는 것을. 특히 자신에게는 더욱 주관적이라는 것을. 그러나, 나의 노력 덕분에 나는 적어도 덜 주관적인 사람은 될 수 있었다.

  세 번째 노력은, 나를 알고, 남을 알았으니, **'무엇이 다른지를 알아보는 것'**이었다. 각각이 파악되니 다양한 시각을 배우게 되었다. 사람들이 평범하다고 말했던 그 시각과 생각은 사실은, 그 말을 하던 한 개인의 시각과 생각이었고, 세상 사람들은 조금씩은 다 다른 생각을 하고 있었다. 그런데, 다들 자기 생각이 평범하다고 했다. 그러니, 얼마나 혼란스러웠겠는가. 세상에 평범한 것은 없다는 것, 똑같이 생긴 사람이 없듯, 똑같은 생각도 없다는 것을 깨달았다.

  그리고, 이때 더욱 중요한 것을 깨달았다. 어린 시절 나의 생각은, 틀린 것이 아니라 다른 것이었다는 것을. 사람들은 너무도 쉽게 자신과 다른 사람을 틀렸다고 말했다. 다른 것이었을 뿐이었는데. 그리하여, 나는 이제 틀림이 아니라 다름을 이해한다. 덕분에 나는 지금 당장 내 생각과 다르다 하더라도 일단은 타인의 의견을 경청하는 습관을 갖게 되었다. 듣고 충분히 고려하고, 다양한 시각을 파악하고 배워서, 내 사고를 확장하는 데 쓸 수 있었다. 수많은 나에 대한 의심과 고민은 내 생각을 다각도로 하나하나 검증하는 과정이 되었고, 늘 나 자신을 돌아보고 개선점을 찾도록 도와주며 좋은 길로 이끌어주었다. 너무나 많이 남들과 달랐던 나는 비록 어린 시절에는 자신을 부정하기도 하고, 머릿속이 혼란스럽고 답답했지만, 힘들다고 주저앉지 않고 '*왜 남들과 나는 다를까?*'의 질문에 대한 답을 찾고자 노력했다.

  이것이 지금의 나를 만들었다.

no.23

# 한금심

❑ 소개
1. 자담인 중앙점 대표
2. 자율신경의 밸런스를 맞추어 주는 주열요법 전문강사
3. 세계 아토피 상담사, 디톡스 코디네이터, 아토피 카운셀러
4. 건강 상담 전문가
5. 아로마 지도사
6. 국민 안전 교육사

❑ 연락처
1. 블로그: https://blog.naver.com/donada99
2. 쇼핑몰: https://jd100003.jadamin.kr

# 나는 누구를 위해 사는가?
## 잃어버린 나를 찾아서

　평범한 전업주부로, 남편의 아내이자 세 자녀의 엄마로 살아오면서 내 삶은 마치 텅 빈 캔버스 같았다. 가족을 위해 헌신하는 삶 속에서 나 자신은 어디에도 없었고 늘 가정과 아이들 중심이었다.
　그렇게 살아가면서 쌓인 스트레스와 과로는 결국 마음과 몸에 큰 상처를 남겼다. 30대에 류마티스와 간 종양, 요로결석, 유방 석회화, 자궁암을 진단받게 되었고, 병원 치료와 약물에도 불구하고 고통은 계속되었다.

　그 무렵, 자담인 최송철 원장님을 만나 내 삶의 전환점을 맞이하게 되었다. 그분은 모든 병의 원인이 복부 냉기에 있으며, 이를 간단한 방법으로 치유할 수 있다고 설명해 주었다. 몸의 치유력은 온도, 습도, 영양의 조화로 가능하다는 그의 말에 반신반의하면서도 프로그램을 체험하기로 결심했다.

　놀랍게도 류마티스 통증과 여러 질병이 차츰 나아졌고, 2019년 12월 종합 검진 결과는 그 효과를 입증했다. 이후, 나는 '자담인 건강법'에 대한 믿음을 갖게 되었다. 하지만 몸의 치유보다 더 큰 변화는 마음에서 시작되었다.

최 원장님은 나에게 물었다.
"*무엇을 하고 싶나요? 꿈은 있나요? 미래의 목표는 무엇인가요?*" 평생 생각해 보지 않았던 그 질문들은 나를 깊은 생각에 잠기게 했고, 처음으로 '나는 누구인가?'라는 질문을 스스로에게 던지게 되었다.

이 질문들에 대한 답을 찾기 위해 나는 깊은 성찰의 시간을 가졌다. 그동안 결혼 이후 남편의 이름으로만 살아온 나에게 미래는 막연하고 꿈꿀 용기도 없었다. 하지만, 질문들을 통해 잊고 있던 나 자신을 발견하기 시작했다.

'나의 행복은 무엇인가?'
'내가 하고 싶고 좋아하는 것은 무엇인가?'
'미래의 꿈은 무엇인가?'

이 질문들은 내 인생의 나침반이 되어 주었고 나를 위한 삶을 꿈꾸며, 자담인 사업에 뛰어들게 했다. 처음에는 '*말주변이 없는 내가 영업을 잘할 수 있을까?*' 하는 두려움도 있었지만, 이 기회가 내 인생의 전환점이 될 것이라는 믿음으로 용기를 내었다.

센터를 열고 열정을 쏟아부으며, 주열기 수료증을 수료하는 등 끊임없이 노력했다. 고객들과 소통하고 함께 봉사하면서 자신감을 쌓아갔다.

고객들의 감사 인사는 나에게 큰 힘이 되었고, 점점 더 많은 사람과 관계를 맺으며 사업을 확장했다. 이후에도 마케팅 강의와 리더십 서적을 꾸준히 공부하며 떳떳한 엄마, 사업가로 살아남기 위해 치열하게 앞만 보고 달려갔다.

그 결과, 2017년 12월에는 최초 지부장으로 승급할 수 있었다. 이후 회사와 그룹은 성장했고, 상가를 확장 이전하면서 더욱 큰 꿈을 꾸게 되었다.

그러나 인생에는 언제나 오르막과 내리막이 있었다. 코로나로 인해 대면 미팅이 어려워지면서 큰 어려움을 겪기도 했지만, 포기하지 않고 다시 일어섰다.

그러던 중 신의 응답처럼 2024년 부산 지역 산하 소속점 오픈과 본사 선정 우수상을 받으며 자담인 건강법의 가치를 더욱 전파하게 되었다. 이제는 자담인 다이어트의 1인 기업 경영자로서 억대 연봉을 바라보면 사업을 진행하고 있다.

이 책을 통해 나와 같은 분들께 잃어버린 자기 자신을 찾고 인생 2막을 열 수 있도록 용기와 희망을 전하고 싶다.

no.24

# 구연숙

❏ **소개**

1. 2025.2월 우체국 퇴직
2. 전자책 [야! 너도 서평 쓸 수 있어] 저자
3. 네이버 블로그 서평 210편작성
4. 교육부 인가 『마인드파워 독서코치』
5. 닉네임: 노랑햇님

❏ **연락처**

1. 네이버: https://m.blog.naver.com/sens90
2. 인스타: @norang_suny
3. 유튜브: @norangsuny_book

# 퇴직 후 뭐 할 거니?

나는 33년 8개월 동안 우체국 공무원으로 살아왔다. 21살의 어린 나이에 우체국이 어떤 일을 하는지도 모른 채 공무원이라는 타이틀 하나만을 보고 입사했다. 첫 발령지는 경남 진해시 성내동의 작은 우체국이었다.

국장과 우편 담당, 금융 담당, 그리고 나까지 총 네 명이 함께 일하는 시골 우체국이었다. 나는 가장 어린 주임이었다. 그곳에서 전동 타자와 주판을 처음 배웠고, 사회생활이라는 새로운 세계에 발을 들였다. 그렇게 나의 우체국 생활이 시작되었다.

어느덧 빠르게 시간이 흘러 이제, 나는 우체국을 떠난다. 오늘, 공식적으로 나의 퇴직일이 전국으로 선포되었다. 하하하. 속이 다 시원하다. 34년간 전전긍긍하며 다닌 세월이지만, 아쉬움은 없다.

퇴직 소식이 전해지자, 전국 각지에서 동료들의 전화가 빗발쳤다. "무슨 일이야? 아직 퇴직할 때가 아닌 것 같은데, 왜 이렇게 빨리 퇴직해?" "퇴직하고 다른 일을 하려는 거야?" 많은 이들이 아쉬워하고 궁금해했다. 어떤 이들은 직접 묻기 어려워 망설였을 것이다.

퇴직 후 무엇을 할 것이냐는 질문에 아직 뚜렷한 답은 없다. 단 하나, 나는 지금 무작정 쉬고 싶다. 항상 2026년이나 2027년쯤 명예퇴직하겠다고 입버릇처럼 말해왔지만, 어느새 1년을 앞당겨 퇴직을 결심하게 되었다. 많은 이들이 퇴직을 준비할 때 새로운 계획을 세우고 실행에 옮기지만, 나는 오롯이 나에게 휴식을 선물하고 싶다. 34년을 일한 나에게, 쉼이라는 선물을 주고 싶다.

퇴직을 결심한 가장 큰 이유는 건강 관리이다. 하루 8~10시간을 업무에 집중하기에는 이제 나의 체력이 따라주지 않는다. 한때는 누구보다도 활기차고 에너지가 넘쳤지만, 이제는 점점 체력이 소진되고 있음을 느낀다. 나를 위해, 남은 인생을 위해 건강을 지키는 것이 가장 중요했다.

두 번째 이유는 나의 말투 때문이다. 나는 경상도 태생으로, 유독 억센 말투와 높은 목소리 톤을 가지고 있다. 1996년 충청도 남자와 결혼하면서 1997년 충남 서산으로 전보 발령 받았다. 경상도의 억센 말투를 가진 내가 충청도에서 생활하면서 어려움을 겪기 시작했다.

내 말을 듣는 사람들은 때때로 상처를 받았고, 나도 모르게 누군가를 불편하게 만들고 있다는 자책감에 시달렸다. 아무리 조심하려 해도 불쑥 나오는 억양과 목소리는 내게 크나큰 콤플렉스가 되었다. 그렇게 나는 우체국 생활 내내 자신을 자책하며 살아왔다. 하지만 이제는 더 이상 나 자신을 괴롭히고 싶지 않다. 나를 좀 더 사랑하고, 나 자신을 받아들이고 싶다.

*'이제 나는 무엇을 해야 할까?'* 당장 돈을 벌어야 한다는 부담은 없다. 하지만 텅 빈 하루를 어떻게 채울지는 고민하고 있다. 우선 아침에는 도서관이나 집에서 독서하며 나만의 시간을 가질 것이다. 체력을 키우기 위해 운동시간을 확보하고, 건강한 식단을 계획하여 몸을 돌볼 것이다.

그러고는 미래를 위한 공부를 시작하려 한다. 유튜브, 블로그, 인스타그램 같은 새로운 미디어에 도전하며, AI에 대해 깊이 공부하고 싶다. 이렇게 나만의 시간을 차곡차곡 쌓아가며 2025년을 보내려고 한다. 이런 작은 습관들이 쌓이면, 나의 미래도 조금씩 변화하고 성장할 것이다.

나는 나를 믿는다. 나는 잘살 것이다. 그리고 나는 성공할 것이다. 퇴직 후 무엇을 할 것이냐는 질문에 대한 답은, 결국 나의 삶으로 보여줄 것이다. 조기 퇴직이라는 나의 선택이 옳았음을 증명할 수 있도록, 새로운 길을 향해 굳건하게 나아가려 한다.

우체국에서의 33년 8개월을 뒤로 하고, 이제는 나만을 위한 시간을 시작한다. 그리고 나는 이 시간이 무척 기대되고 설렌다.

no.25

# 이정곤

❑ 소개
1. 재한몽골학교 이사
2. 한일친선선교협력회 회장
3. 전) 영등포경찰서교경협의회 회장
4. 치유상담대학원대학교 상담학 전공
5. 신약성경형성사 등 4권 번역

존재하는 모든 것들을 사랑하고 축복하기 원하며,
어떤 이야기라도 설렘으로 듣고 싶어 하는 사람이다.

# 무엇인가를 온전하게
# 아는 방법은 무엇일까?

나는 고등학교 시절에 인격적이시며 모든 것을 창조하신 하나님의 존재를 확연히 알게 되었다. 그 뒤로 인식에 변화가 생겼다. 존재하는 모든 것은 우연이 아니라 어떤 분명한 질서에 의해 움직이는 것이라고 말이다. 따라서 존재하는 모든 것들은 각각 별개의 것이 아니라, 어떤 커다란 질서 아래에 서로 영향을 주고받는 것으로 생각한다.

그리고 *'어떤 하나를 가능한 한 온전하게 이해하는 방법은 무엇일까?'*라는 질문을 해본다. 사실 누구나 살아가면서 어떤 지식을 접하거나 경험할 때 자연스럽게 *'이게 뭐지?'*하며 질문하지 않는가? 나 역시 *'이게 뭘까?'* 하며 생각하다가 더 온전한 방법을 찾게 되었다.

그래서 얻게 된 것이 5차원이다. 인간이 생각하고 경험할 수 있는 차원은 다섯 가지로 영적인 차원, 정신적인(또는 개인적인) 차원, 사회적인 차원, 자연적인 차원, 시간적인 차원밖에 없다고 본다. 영적인 차원은 신과 인간의 영혼 세계이고, 정신적인 차원은 인격의 3요소인 지·정·의와 존재의 3요소인 사고·언어·행동을 이해하는 세계이며, 사회적인 차원은 사회 이념과 조직과 사회 변동에 대한 세계이고, 자연적인 차원은 우주, 자연, 문화 물질, 인체 등을 다루는 세계다. 그리고 시간적인 차원은 시간, 역사, 미래를 다루는 영역이다. (그리고 이러한 차원들을 표현하는 것이 예술이라고 생각한다.)

한 사람의 전인적인 성장에 대해서도 각 차원에서 생각해 볼 수 있다. 가정이나 사회 속에서 발생한 어떤 사건과 관련된 사람에 대한 이해 역시 다섯 가지 차원에서 살펴볼 수 있다.

예를 들어, 가정 안에서 흔히 경험하는 부부간의 갈등이 무엇이며 왜 발생했는지를 5차원에서 살펴보자. 먼저는 부부 각자가(하나님을 믿는 사람이라면) 신과의 관계가 어떠한지, 어린 시절을 어떤 부모와 가정의 분위기에서 보냈으며, 각자 가지고 있는 가치관은 무엇인지를 생각해 보아야겠다.

그리고 자신들이 속해 있는 공동체 즉, 가정뿐 아니라, 친척, 친구, 직장, 사회 속에서 어떤 역할을 하며, 어떤 과제로 압박을 받고 있는지를 알아본다. 또 몸의 건강 상태나 재정 형편은 어떠한지, 과거에 매여있는 것은 무엇이며, 미래에 대해 혹 어떤 불안과 두려움을 가졌는지 등을 고려해 보아야 한다. 이처럼 다섯 가지 차원을 살펴볼 때 비교적 온전하게 갈등을 이해하고 잘 다룰 수 있다고 본다.

그리고 이 다섯 가지 차원은 서로 간에 영향을 주고받는다. 따라서 재정 문제로 갈등하고 있다면, 단지 소득을 늘리거나 줄이는 방법에만 집중할 것이 아니라, 부부 각자 안에 있는 영적, 심리적, 사회적, 시간적 차원의 어떤 고민거리나 문제들을 살핌으로써 보다 근원적이고, 다각적인 해결 방안을 모색할 수 있다.

나는 오랫동안 이런 생각 훈련을 하면서, 어떤 한 가지를 살피기 위해 5차원에 따라 질문하고 생각하는 것이 더욱 지혜롭다는 것을 자주 경험한다. 어떤 책을 보더라도 그 저자가 어떤 주제를 다룰 때 미처 다루지 못한 다른 차원도 내 나름대로 생각해 보게 된다.

이런 생각 훈련은 정신세계뿐 아니라, 인간관계 또한 풍성하게 한다. 누구와 대화하더라도 다섯 가지 차원을 점점 더 깊고 풍요롭게 할 수 있겠다고 생각하여 잘 경청하게 된다. 그리고 그 대화 주제에 대해서도 다른 차원에서 질문을 던질 수 있어서 서로 간의 대화도 신바람이 나게 된다.

더 나아가 세상이 살아 움직이며 나를 향하여 역동적인 춤을 추고 있다는 것을 경험한다. 이는 참으로 놀랍고 즐거운 일이 아닐 수 없다!

no.26

# 윤민영

❏ 소개
1. 자담인영힐링 대표
2. 전자책 크몽 입점
3. 브런치 작가
4. 기적의 자연건강법 코칭
5. 자담인영힐링 쇼핑몰 운영
6. 공저 『내 삶을 바꾼 책』, 『내 삶의 산전수전』
 『내 삶의 귀인』, 『내 삶의 감사일기』 베스트셀러 작가

❏ 연락처
1. 블로그: https://blog.naver.com/eiept211
2. 쇼핑몰: https://jd100923.jadamin.kr
3. 유튜브: 건강백세프로젝트 영힐링

# 네가 정말
# 원하는 것은 무엇이니?

　살면서 누구나 한 번쯤 인생의 방향을 바꾸는 순간을 경험하곤 한다. 그 순간이 때론 예상치 못한 질문에서 비롯되기도 한다. 내가 인생을 돌아보았을 때, 그 전환점이 된 질문을 떠올려보면, 그것은 정말 간단한 것이었지만 그 의미는 나의 삶을 완전히 바꿔 놓았다.

　그 질문은 바로 '*네가 정말 원하는 것은 무엇인가?*'라는 질문이었다. 그 질문을 처음 들었을 때, 나는 무척 당황했다. 나는 늘 목표가 명확한 사람이라고 생각했다. 항상 의욕적인 목표가 있고 에너지 넘치는 사람이라고만 생각했다. 일상에서도 더 많은 것을 얻기 위해 노력하는 삶을 살고 있었다. 그런데 그 질문을 받으니, 내가 정말 원하는 것이 무엇인지, 내가 진심으로 추구하고 있는 것이 무엇인지를 제대로 알지 못한다는 사실에 충격을 받았다.

　이 질문은 나에게 큰 혼란을 안겨주었지만, 동시에 내 삶의 방향을 다시 한번 돌아보게 했다. 그동안 내가 살아온 방식은 다른 사람들의 기대와 사회의 기준에 맞춰져 있었고, 나 자신이 진정으로 원하는 것에 대한 고민은 부족했다는 것을 깨닫게 된 것이다.

마치 내가 다른 사람들의 삶을 대신 살아가고 있는 것 같은 기분이 들었다. 이 질문을 나에게 던져준 사람은 바로 내 친구였다. 우리는 오래된 친구였고, 서로의 삶에 대해 자주 이야기를 나누곤 했다. 어느 날, 그는 나에게 이렇게 물었다. "*넌 지금 하는 일이 정말 너에게 맞는 일이야?*" 그 질문은 처음엔 그냥 스쳐 지나갈 만한 말처럼 들렸지만, 그 순간부터 그 질문은 내 마음속에서 끝없이 반복되었다. 내가 하고 있는 일이 진정 내 삶의 목적과 맞는지, 아니면 그저 사회적인 기대에 맞추어 살아가고 있는지에 대한 물음이 끊임없이 나를 괴롭혔다.

'*내가 하는 일이 정말 내 삶의 의미와 맞는 것인가? 내 목표는 정말 내가 원하는 것인가?*' 이런 고민이 나의 삶을 점점 바꿔놓았다. 나는 한동안 이 질문에 대한 답을 찾으려 애썼고, 그 과정에서 나 자신을 다시 한번 돌아보았다. 내가 진심으로 원하는 것이 무엇인지, 내가 어떤 삶을 살아가고 싶은지 진지하게 고민했다.

그 답은 간단하지 않았다. 내가 하고 싶었던 일은 사실 내가 이미 알고 있었지만, 그동안 외부의 기대와 요구에 묻혀서 잊고 있었던 것들이었다. 나는 사람들과 소통하고, 그들에게 긍정적인 영향을 미치는 일을 하고 싶었다. 그래서 나는 내 전공을 뒤로하고, 언니의 빈자리를 채워야만 했다.

이 질문을 통해 나는 '내가 원하는 삶'을 살지 못했고 세상과 타인이 원하는 삶을 살고 있다는 것을 깨달았다. 처음에는 두려움이 컸지만, 그 결정을 내리고 나서부터 내 삶은 점차 달라지기 시작했다.

세상에는 수많은 사람이 있지만, 그중에서 내가 원하는 삶을 살 수 있는 사람은 바로 나 자신뿐이라는 사실을 깨달았다. 물론, 이 길이 항상 쉽지만은 않았다. 하지만 내 마음속 깊은 곳에서 나를 이끌어가는 진정성을 발견할 수 있었다.

그리고 그 과정에서 내가 깨달은 또 하나의 중요한 사실은, 삶은 끝없는 질문의 연속이라는 것이다. 우리가 원하는 것을 찾기 위해서는 끊임없이 자신에게 질문을 던져야 한다. 내가 지금 하는 일이 나에게 맞는 일인지, 내가 지금 걷고 있는 길이 나에게 진정으로 필요한 길인지 끊임없이 묻고 또 물어야 한다. 그 질문을 던질 때마다 나는 조금씩 더 나아지며, 내 삶의 진정성을 찾을 수 있었다.

그 질문 덕분에 나는 이전의 삶을 내려놓을 수 있었고, 새로운 시작을 할 수 있었다. 그리고 지금 나는 매일매일 그 질문에 대해 답을 찾아가고 있다. 물론 완전한 답은 없을지도 모른다. 하지만 그 질문이 나를 변화시키는 원동력이 되었음을 나는 확신한다.

나는 이제 매일 아침 일어날 때마다, *"오늘 내가 정말 원하는 것은 무엇인가?"*라는 질문을 스스로에게 던진다. 그 답을 찾는 과정이 나를 성장하게 만들고, 내가 진정으로 원하는 삶을 살아가도록 이끌어준다. 삶은 끝없는 질문이지만, 그 질문을 던지는 것이야말로 내가 내 인생의 주인으로 살아가는 방법임을 깨닫게 되었다.

no.27

# 이정인

❏ 소개
1. 중년 마음학교 교장
2. 인성교육전문 단체 옳고바른마음총연합회 사무총장
3. "마음 밭 꽃씨 하나"의 저자
4. 행복 코디네이터 책임교수
5. 미디어 뉴스 편집국장

❏ 연락처
1. 네이버 검색: 이정인
2. 블로그 검색: 중년마음학교

# 지금 내가 가장
# 두려워하는 것은 무엇인가?

### 질문과 마주한 순간

평범한 일상이 지나가던 어느 날, 문득 내 마음 깊은 곳에서 울리는 질문이 있었다. *"지금 내가 가장 두려워하는 것은 무엇인가?"* 이 질문은 마치 오래된 상처를 건드리는 듯한 아픔과 함께 다가왔다. 나는 오랫동안 두려움을 외면하며 살아왔지만, 그 순간만큼은 피할 수 없었다.

질문을 곱씹으며 마음속에 숨겨두었던 감정들이 하나둘씩 떠올랐다. 그것은 단순한 두려움이 아니라, 나 자신과의 오랜 싸움이었다.

### 두려움과의 대면

나는 사람의 마음을 알고 싶어 하는 작가다. 하지만 아이러니하게도 가장 이해하기 어려웠던 마음은 나 자신의 것이었다. 글을 쓰는 동안 나는 타인의 슬픔과 고통을 이해하려 노력했지만, 정작 내 마음에 자리한 두려움과는 마주하기를 피했다.

내가 가장 두려워했던 것은 **"혼자 남겨지는 것"**이었다. 오랜 시간 남편 없이 지내며 느낀 외로움. 혼자라는 것은 인생의 문제들을 혼자 해결해야 하는 수많은 두려움과 직면하게 되며 또한 아이들의 결혼 후에 찾아온 깊은 고독감도 내 두려움에 더하기가 된다.

글쓰기는 나에게 치유의 도구이자, 동시에 두려움을 직면하는 창이 되었다. 내 안의 상처와 마주하며 글을 쓸 때마다, 나는 조금씩 자신을 이해하기 시작했다.

### 두려움을 넘어선 순간

진정한 변화는 예상치 못한 순간에 찾아왔다. 한 독자가 내게 보낸 짧은 메시지였다. *"당신의 글을 읽고 큰 위로를 받았어요. 나도 같은 두려움을 느끼고 있었거든요."* 그 문장을 읽는 순간, 나는 깨달았다. 내 두려움은 결코 나만의 것이 아니었다.

내가 느꼈던 외로움과 두려움은 많은 이들이 공감할 수 있는 감정이었다. 글을 통해 나의 마음을 솔직히 표현했을 때, 사람들과 연결될 수 있다는 사실을 실감하게 되었다.

그때부터 나는 두려움을 피하려 하지 않았다. 오히려 두려움을 받아들이고, 그 안에서 새로운 의미를 찾으려 노력했다. 두려움은 나를 약하게 만들지 않았다. 오히려 나를 더 깊이 있게 해주었다.

## 독자에게 던지는 질문

지금도 나는 두려움과 함께 살아간다. 글을 쓰는 순간, 새로운 도전을 앞두고 있을 때마다 마음 한편에 자리한 두려움이 얼굴을 내민다. 하지만 이제는 그 두려움을 외면하지 않는다. 두려움이 나를 성장하게 만든다는 것을 알게 되었기 때문이다.

그래서 이제 당신에게 묻고 싶다.

*"지금, 당신이 가장 두려워하는 것은 무엇인가요?"*

그 두려움을 외면하지 말고, 잠시 들여다보세요. 그 안에는 당신의 진짜 마음과 마주할 용기가 숨어 있을지도 모릅니다.
나를 변화시킨 질문은 결국 두려움을 인정하고, 그것을 넘어서는 힘을 찾아가는 과정이었다. 나는 이제부터 두려움과의 동행을 즐기며 진정한 내 마음의 여행을 즐길 것이다.

우리는 기쁜 소풍의 삶을 살아가는 여행자들이고 여행의 경험은 우리를 더욱 단단하고 멋진 삶으로 이끌어 줄 것이다.

no.28

# 최찬희

❏ 소개

1. 미술 치료 강사
2. 인지 교구 강사
3. 웃음 치료 강사
4. 교육청 상담 봉사
5. 문해 교사

❏ 연락처

1. 전화: 010-5385-2083
2. 이메일: choychanhee@hanmail.net

# 잘 사는 것은?
# 잘 죽는 것은?

　내 삶을 바꾼 질문에 대해 잠시 생각해 본다. '과연 나는 질문을 하며 살았을까, 아니면 그냥 하루하루 흐르는 대로 살았을까?' 이런 생각이 들었다. 그러다 문득, "맞아, 나는 늘 질문을 던지며 살아왔어!"라는 생각이 떠올랐다. 내 삶은 질문의 연속이었고, 그 질문들을 통해 변화를 경험했다.

　나뿐만 아니라 주변 사람들과 사물에 대해서도 질문을 던지며 호기심과 궁금증을 품고 살아왔다. 이제는 사물에 관한 질문이 아니라, 삶 자체에 대해 질문한다. "과연 이게 옳은가?"라는 질문이 들면서, 힘든 일이나 중요한 결정을 내려야 할 때, 어떤 길이 더 현명한 선택일지를 고민하게 된다.

　삶을 바꾼 질문 중 하나가 떠오른다. 내 아들이 4~5살 때, "엄마, 난 왜 자꾸 커져?"라고 물었던 걱정 어린 질문이 기억난다. 그때 학교 폭력이나 따돌림이 사회적인 이슈였고, 우리는 그와 관련된 프로그램을 보고 있었다. 그 순간 아들이 이렇게 물었다. "엄마, 난 왜 자꾸 커져요? 크면 학교도 가야 하고, 집에 들어올 때 계단에서 나쁜 사람을 만나면 어떻게 해야 해요?"

나는 그 말을 듣고 *"아, 우리 아들이 이 상황을 심각하게 생각하고 있구나"*라고 느꼈다. 그때부터 나는 아들이 더 안전하고 행복하게 성장하려면 어떻게 대처하는 것이 현명한 방법인지 고민했다.

그래서 학교 입학 전에 함께 가서 학교를 구석구석 보여주었고, 선생님과 친구들, 하굣길의 즐거움, 집에서 기다리고 있는 가족과 만남 등 학교생활에서 느낄 수 있는 작은 기쁨들을 함께 경험하고 이야기를 나누었다. 입학 전뿐만 아니라 1년 이상, 부모와의 이별과 낯선 환경에 적응하는 과정을 함께하면서 아들이 새로운 세상에 자연스럽게 적응할 수 있도록 도왔다. 그 과정이 큰 관문이었다.

그와 동시에 작은 딸은 이렇게 물었다. *"엄마, 아빠는 누구를 더 사랑해? 왜 나는 아빠랑 엄마가 없고, 정범이 아빠, 정범이 엄마라고만 부르나요? 오빠 엄마, 아빠만 있나 봐요. 오빠를 더 사랑하나 봐요."* 그 질문을 듣고, 나는 아이가 느끼는 의구심을 깨달았다.

어른들이 무심코 쓰는 호칭이 아이에게 혼란을 주고 의문을 일으킬 수 있다는 사실을 깨닫지 못했다. 그래서 우리 부부는 일부러 딸 앞에서 '수영 엄마', '수영 아빠'라고 부르며 아이가 자연스럽게 받아들일 수 있도록 노력했다. 하지만 습관은 쉽게 바뀌지 않아서 결국, 우리 부부는 자연스럽게 '여보'라는 호칭을 쓰게 되었다.

살다 보면 누구나 큰 관문을 통과하는 시점이 온다. 그때마다 *"나도 할 수 있을까?"* 라는 의문이 든다. 태어날 때부터 목을 가누고, 뒤집고, 걷고, 말을 시작하고, 고집을 부리고, 유치원부터 대학까지 모든 과정을 거쳐야 한다. 그 과정마다 불안, 의문, 두려움을 느끼기도 하고, 그걸 잘 해냈을 때 뿌듯함과 대견함이 나를 성장시킨다. 면허를 취득할 때, 결혼할 때, 아이를 낳을 때, 집을 살 때, 사업을 시작할 때, 아이들이 자라서 하나씩 제 짝을 찾아 나갈 때마다 *"내가 잘할 수 있을까?"* 라는 고민이 든다.

이제는 *"어떻게 잘 살 것인가?" "어떻게 잘 죽을 것인가?" "살면서 가장 소중한 것은 무엇일까?"* 라는 질문을 던지게 된다. 젊을 때는 지식, 명예, 지위, 경제가 중요하고, 중년이 되면 예술, 낭만, 여유, 지혜가 더 소중해진다. 노년이 되면 사랑하는 사람들과 친밀한 관계를 유지하는 것이 가장 중요한 가치로 바뀐다. 세월이 흐르면서 내 삶의 우선순위도 변화했다.

그리고 마지막으로 묘비명에 무엇을 쓸지 생각해 본다. *"철들었고, 잘 살다 간다. 후회 없다"* 라는 문구가 떠오른다. 내 인생을 마무리할 때, 나는 어떤 말을 남기게 될까?

다시 한번, 그 질문을 나 자신에게 던진다.

no.29

# 박지순

☐ 연락처

네이버 검색: 박지순

# 이제 남은 50년을
# 어떻게 살아야 할까?

22살 어린 나이에 엄마가 되면서 내 인생과 가족을 책임져야 할 의무가 생겼다. 어렸지만 애들을 키우며 살림도 하고 직장도 다니면서 내 역할에 충실했다.

내게 주어진 삶이 소중했기 때문에 열심히 살았다. 그리고 '내 삶의 주인은 나'라는 생각에 나를 위한 시간으로 운동과 독서, 영어 공부를 했다. 그렇게 바쁘게 살면서도 마음 한구석에는 항상 2% 부족한 내가 있었다.

남들은 열심히 사는 나를 보고 대단하다는 칭찬을 아끼지 않았지만, 나는 나를 인정하지 않았다. 타인의 시선과 평가를 의식했고, 경제적, 사회적으로 나보다 나은 사람들과 비교했다.

남과 나를 비교하는 어리석은 마음은 나를 더 괴롭고 비참하게 만들었다. 있는 그대로의 나를 인정하고 사랑하지 않는 가난한 나의 마음은 나를 포함한 가족에게도 영향을 끼쳤다.

가정을 행복하게 가꾸기 위해 나는 변해야 했다.
*'어떻게 해야 나의 작은 마음을 키울 수 있을까?'*

'어떻게 해야 남과 나를 비교하지 않을 수 있을까?'

이런 질문들을 내게 했다. 나를 위한 해결책을 찾아야 했다. 우선, 내가 느끼는 열등감을 갈증과 욕구로 해석했다. 그리고 그것을 해소할 방법을 찾기 시작했다.

결국, 열등감은 내가 나를 변화시키는 동기가 되었다. 내가 가진 것이 부족하고 보잘것없다는 생각을 버리기 위해 내가 가진 것들을 찾고 만족하기로 했다. 머릿속에 하나둘 떠올려 보니 가진 것이 많은 나는 행복한 사람이었다. 이제는 만족하고 감사할 줄 아는 마음을 갖게 됐다.

이런 생각의 변화는 달리기하면서 시작됐다. 달리는 동안 나에게 던진 질문은 나를 생각하게 만들었고 답을 찾도록 시간을 주었다. 달리는 거리와 시간을 늘리는 혼자만의 훈련으로 10km, 하프 마라톤 대회에 참가했다. 달리기로 시작해서 '마라톤 대회'라는 경험으로 나를 확장했다.

혼자 있는 시간에서 단단해진 나를 확인 할 수 있는 좋은 기회였다. 마라톤은 경쟁이 아니라, 나만의 속도로 포기하지 않고 묵묵히 달려야 하는 것이다. 다른 사람의 속도에 비교하지 않고 나만의 속도로 인생을 살아야 한다는 것을 깨닫게 됐다. 이제는 나의 삶에 집중하고 있다.

2025년 내 인생의 전반전이 끝나고 후반전이 시작되는 날, 나에게 *남은 50년을 어떻게 살아야 할까?* 라는 질문을 했다. 질문하면 답을 찾게 된다.

후반전을 시작한 올해가 정말 중요한 시기라고 생각했다. 5

년 동안 피부 관리사라는 일을 하면서 습득한 경험과 지식을 바탕으로 나의 일터를 갖고 싶었다.

지인의 소개로 1인 기업 CEO 멘토링을 받고 있다. 그동안 익숙한 것들에 만족하면서 미래를 생각하지 않고 살았던 나를 반성하고, 멘토링을 통해 변하려는 의지를 단단하게 굳히고 있다.

처음 시작하는 일은 당연히 두렵고, 어렵고 어색하기 마련이라는 것을 알고 포기하고 물러서지 않을 것이다. 오늘 지금 여기에서 하지 않으면 내가 꿈꾸는 미래는 오지 않는다.

꾸준하고 성실한 나의 강점을 최대한 활용하면 가능한 일이라고 믿는다. 간절히 바라던 내 인생의 멘토를 만났으니 놓치지 않고 잘 따라가야겠다.

항상 노력하고 성장을 멈추지 않는 인생. 피부를 아름답게 가꾸고 싶은 사람들에게 큰 힘이 되어 줄 것이다. 70살에도 전문적으로 나의 일을 하는 모습을 그려본다.

no.30

# 최형임

❏ 소개
1. 신세계합동녹취속기사무소 대표속기사
2. 신세계속기학원 컴퓨터속기 강사
3. 인천외국어학교 불어교사
4. 한국외국어대학교 불어교육대학원 수료
5. 서울여자대학교 불어불문과 졸업

❏ 연락처
1. 블로그: blog.naver.com 신세계녹취속기사
2. 네이버 검색: 최형임 속기사

## 누구를 사랑할까?

이 세상에 우리는 우연히 왔다. 필연으로 왔다고 생각할 수도 있겠지만, 내 생각에는 우연히 태어나보니 가족들이 있었다. 그렇게 만난 부모님과 형제자매들이 서로 사랑하는 모습이면 일단은 행운이다. 가정의 근간이 되는 부부와 형제자매가 서로를 최고로 생각하면 그게 바로 최고다. 적어도 내 생각에는.

나를 최고로 생각해 준 사람은 바로 나의 어머니였다. 나도 엄마가 최고였다. 그렇게 알콩달콩 서로를 위해주던 오랜 시절을 구가하다 어머니가 천국에 먼저 가시고 나니 빈 마음 한 켠이 사람을 웃어도 웃는 것이 아니게 만들고, 그 한켠이 전부가 될 때가 흔했다.

'어머니는 어디로 가셨을까? 거기서 잘 계실까?'라는 질문이 계속 내 마음에 맴돌 때 '부디 천국에서 잘 계세요'라는 기도로 응답하면서 내 마음을 다독였다. 이제 어머니의 거취 문제는 내 마음속에서 어느 정도 해결되었나 보다. 그다음 질문이 스멀스멀 피어오르니 말이다.

'이제는 누구를 최고라고 생각하며 사랑할까?'라는 질문은 텅 빈 마음이 느껴질 때마다 어머니의 빈 자리를 채워줄 다음 번 내 마음 최고의 주인공이 궁금해지게 한다.

이제는 내 삶에서 누구를 나의 최고로 삼을까 하고 바라보는 시선은 누가 나를 최고로 생각해 줄까 하고 돌아보는 시선보다 훨씬 여유로움을 나에게 선물해 주었다. 이렇게 생각을 전환하고 나니 마치 칼자루를 쥔 느낌처럼 당당해진다.

또 주위의 사람들이 모두 사랑스러워 보인다. 내가 먼저 그들을 존중해주고 귀히 여기면 되는 거니까. 마음의 문을 여는 열쇠를 내가 가지고 있다고 생각하니 자연히 미소가 지어진다. 빙그레.

어머니라는 항구를 떠난 배는 자유를 얻었지만 무작정 항해만 할 수는 없지 않은가. 계속 항해만 하라고 하면 그것은 자유가 아닌 방황이겠지. 다음 항구를 향해 운항하는 배가 진정한 자유를 누리는 것은 다음 도착지라는 사랑의 구속을 향해 갈 때라고 생각된다. 서로를 위해주고 배려하는 진정한 관심은 자유로운 항해의 종착점이다.

하나님이 내게 주신 선물 가운데 가장 큰 선물이라고 여겨지는 시간, 그 시간 속에서 여유 있게 내 마음속 최고의 사랑을 찾아가는 항해의 길은 늘 진행형이다.

누군가를 사랑하는 마음, 겨자씨만 한 그런 믿음은 우리가 이 세상을 버티며 살아가게 하는 살아갈 수 있는 샘물이다. 마음에 그런 한 조각이나마 사랑이 없으면 삶에 의미가 없거나 무미건조해지는 것은 순식간이다.

아침에 종종 들리는 비보 중 흥행에 성공했던, 또는 대중의 관심 밖에 있던 스타들이 스스로 생을 마감했다는 뉴스를 접할 때면 '사랑이 부족했구나'라는 생각이 스친다. 마음속으로 뒤늦게나마 한 점 실바람 같은 희미한 사랑이라도 전해지기를 바라면서 명복을 비는 마음을 전해본다. 오늘도 아역부터 성공했던 어떤 젊은 여배우에게 또 한 번 명복을 빌어주었다.

이렇게 마음속 사랑은 꼭 필요하다, 생존을 위해서. 그 사랑이 누구를 향할지, 어느 정도를 쏟아부어야 할지는 선택이겠지만. 나는 그런 의미에서 다시 곰곰이 생각해 본다. *'이제는 누구를 내 마음속 최고로 생각하고 살아갈까?'*

물론 어느 때나, 어디서나 내 기도를 들어주시는 예수님과 동행하는 것은 기본이지만, 여기 우리 소소한 인간사에서 빚어지는 구름 역사에서 말이다. 천국을 소망하며 성령의 부으심을 갈망하여 기도할 때는 한순간 성화 될 때도 잠깐 있지만 대부분을 작은 부딪힘에 연연하며 살아가고 있지 않은가.
*'이제는 누구를 내 마음속 최고로 생각하고 살아갈까?'*

빙고!!
 지금, 내 옆에서 내 이야기에 귀 기울여주는 사람,
 진심이 통하는 사람,
 지금, 이 글을 정독하며 읽어주는 사람이 지금 나에게는 최고다!!

# question

# 4장

### 너는 괜찮니?

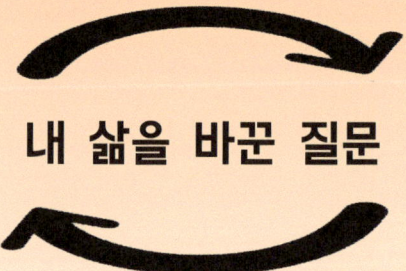

내 삶을 바꾼 질문

·········▶ answer

| 31. 강기쁨 |
| --- |
| 너는 괜찮니? |

| 32. 최수미 |
| --- |
| 고난은 정말 고난인가? |

| 33. 최현주 |
| --- |
| 뭐할 때 가장 즐겁고 신나게 웃니? |

| 34. 최무빈 |
| --- |
| 너는 어떻게 살고 싶은데? |

| 35. 전 진 |
| --- |
| Why not?? |

| 36. 김혜경 |
| --- |
| 무엇을 버리고, 무엇을 남길 것인가? |

| 37. 박리라 |
| --- |
| 내 삶의 의미는 무엇인가? |

| 38. 김영교 |
| --- |
| "행복하세요!" 말하는 나는 과연 행복한가? |

| 39. 최민경 |
| --- |
| 내 삶의 핵심 가치는? |

| 40. 이현이 |
| --- |
| 나이가 몇이여? 교육을 시킬 나이 아녀? |

no.31

# 강기쁨

❑ 소개
저서: 『인생은 선물입니다』 『마음부자』 공저

❑ 연락처
이메일: kso1202@naver.com

# 너는 괜찮니?

　바람이 차가운 겨울, 몸이 차가운 나는 겨울을 싫어하지만, 따뜻한 방 안에서 눈 내리는 겨울 풍경을 바라보는 것을 좋아한다. 그렇기에 추워서 움직이는 걸 싫어하면서도 막상 문을 나서면 어디든 간다. 이 마음은 무엇일까? 산을 좋아해, 계절에 상관없이 여기저기 다닌다. 추워도 가고, 비가 와도 가고, 더워도 간다. 자꾸 가는 이유가 뭘까? 뭔가를 해야만 오늘 하루 잘 살았다고 생각해서 그러는 건지, 자꾸 재촉하는 나를 보게 된다. 굳이 그렇게 살지 않아도 되는 것을...

　내 마음에 질문한다.
　'정말 너는 산을 좋아하는 게 맞을까?'

　매일 뭔가를 한다는 건 참 지치면서도, 또 해야 하는 무거운 짐 같은 기분이 든다. 그렇게 매일 무언가를 하면서 정상이 있다면 정상이 보일 텐데, 보이지 않는 산을 향해 오로지 혼자 걸어가는 이 기분은 참으로 어렵다. 어떻게 해야 할까? 다른 사람들도 한다고 하기에 나도 하지만, 멈추고 시작하는 것이 자꾸 반복된다.
　그러다 나와 같은 마음을 가진 사람들을 만나게 되었다. 이런 나를 위해 우주가 선물을 준 건 아닌지 참으로 감사하다. 그들과 이야기하며 서로의 반복을 응원하다 보니 어느새 3번의 100일의 시간을 보냈다. 아직도 뭔가 보이는 건 없지만, 한편으로는 자신감이 생겼고, 나를 바라보는 마음도 생겼다. 또한 감정의 변화에 귀를 기울이기도 한다.

감정 단어의 이름을 알고 내 감정을 찾던 어느 날, 인형을 바라보면서 듣고 싶은 말을 해보는 시간이 있었다. 다들 많은 이야기를 하는데 문득 *"애썼다"*라는 말이 나오면서 나는 서럽게 울었다. 그렇게 한참을 울고 주위를 보니, 다들 와서 다시 나를 안아주었다. *"괜찮냐?"*라며...

이 모든 과정을 통해 나는 나 자신을 이해하고, 더 나아가 나와 같은 마음을 가진 사람들과 함께 성장해 나가고 있고 혼자가 아닌 같이 걸어갈 수 있는 동료가 있음에 감사하다.

누군가에게 나의 맨얼굴은 아무렇지 않게 보여주면서 내 마음을 누군가 알면 나를 떠날까 봐, 나를 이용할까 봐 두려워 말하는 게 불편하다. 그렇지만 어느 순간부터는 나를 말해야 함을 알게 되었다. 그래야 깊은 동굴 속 컴컴한 그곳에서 살지 않을 수 있으니까.

같이 수업에 참여하는 선생님들이 자신의 이야기를 한다. 그들의 이야기를 들으며 *'나도 저런 감정과 생각이 있었는데 그때 난 무엇을 하고 있었지..., 저런 마음이면 무척 힘들었을 텐데 그걸 참고 이겨낸 저 사람의 마음은 대단하구나!'*라고 생각했다. 역시나 시선은 내가 아닌 타인을 향해가 있다.

내 마음은 어땠는지? 서로 발생하는 환경은 다르지만 비슷한 상황인데, 그를 인정하고 안쓰럽다고 생각했으면 나 자신도 안쓰럽고 힘들었을 걸 생각 못 하니 참으로 바보 같다. 그렇게 살지 않아도 되는 것을 자꾸 잊어버리는 이유가 뭘까? 다른 사람의 인정보다 지금의 나에게 인정하고 공감해 주어도 부족하고 허기진 나에게 그 마음을 못 주는 건 왜 인지...

얼마 전에 오는 사람 안 막고 가는 사람 안 잡는다고 말하며 즐겁게 살고 지금에 최선을 다한다고 말하는 분을 만났다. 그분의 이야기를 들으며, 얼마나 많이 힘들었고, 얼마큼 자신에게 질문해서 그 마음을 알게 된 걸까 하는 생각에 그 사람을 안아주고 싶었다. 어쩌면 나를 안아주고 싶은 건 아닐까?
바람이 머무는 자리가 되어도 상관없이 늘 그 자리를 지키며 나를 지키는 그 사람의 마음이 대단하다. 나는 나를 지키기 위해 무엇을 해야 할까?

*"너는 괜찮니?"*라는 질문에 너를 던지며 그 속에서 무엇을 해야 괜찮은지 선택하는 게 아닌, 너 자신을 있는 그대로 사랑할 수 있게 너 자신을 바라보는 두려움을 없애기 위해 오늘도 산을 간다. 그 자리에 있는 나무와 풀, 그리고 언제 왔는지 모를 구름과 하늘을 보며 나를 채우고 나를 사랑하기 위해 걷고 또 걸어보자.
괜찮은 나를 위해.

no.32

# 최수미

❏ 소개
1. 저서: 책이 시키는 대로 했더니 인생이 달라졌다.
   공저: 인생은 선물입니다. 몽글몽글 내 인생
2. 자격증: 마인드파워 독서코칭 2급(교육부인증), 복지사2급

❏ 연락처
이메일: sumi1415@naver.com

# 고난은 정말 고난인가?

우리는 인생을 살면서 수많은 문제와 마주한다. 나 또한 수많은 문제에 봉착하며 살아왔다.

2018년 3월 신장암 수술을 했다. 진단받을 땐 실감이 나질 않았다. '내가 암이라고? 아닐 수도 있잖아?'라는 생각이 들었다. 의사에게 조직검사를 요청했지만, 신장은 혈관이 많은 장기이고 위치가 간과 밀접하므로 바늘이 들어갔다 나올 때 다른 장기를 스치게 되면 전이의 위험이 크다고 했다. 방법은 오직 수술뿐이었다.

살아오면서 내가 수술을 받을 거라고는 생각해 본 적이 없었다. 그런데 '암'으로 수술해야 한다니 청천벽력 같았다. '어차피 받아야 하는 수술이라면 받자'라고 마음먹었다. '조직검사를 하고 나면 다행히 암이 아닐 수도 있잖아.'라는 희망을 품었다. 다른 병원에 가서 알아볼 생각도 하지 않았으나, 지인의 권유로 신촌의 대형 병원에서 진료를 받았다. 자료를 보고 계신 교수님께서는 자신의 경험상 70% 이상은 암으로 보인다고 하셨다.

수술 날짜는 2주 후로 바로 잡혔다. 수술하는 과정이나 모든 것이 순조롭게 진행되었다. 수술은 너무나 다행스럽게 잘 되었다. 그리고 2달 후 갑상선암 수술을 하기 위해 난 다시 수술대에 올랐다. 수술하고 나서 부득이하게 다니던 직장을 그만두게 되었다. 장기간의 온전한 휴식 시간을 갖는 동안 내가 살아온 지난날들을 뒤돌아보게 되었다. 암 진단을 받을 때 하늘이 원망스럽다거나 내 인생이 후회되지는 않았다.

그저 주어진 내 인생에 정말 최선을 다해 살아왔었다. 앞만 보고 달리던 내 인생에 '암'이라는 질병이 브레이크를 걸어주었다. 그 브레이크가 나에게 뭘 원하는지 질문하게 했고 처음으로 깊은 자신으로 들어가게 해주었다.

*내가 진짜 원하는 게 뭐지?*
*내가 살면서 놓치고 있는 것이 무엇이지?*
*신이 나에게 삶의 기회를 한 번 더 주신 이유는 무엇일까?*

이런 질문들을 나 자신에게 하면서 깨닫게 된 게 있었다. 미래를 위해 현재를 희생하며 살아왔다. 하지만 그 과정에서 일상의 소소한 행복들을 놓치고 있었다. 다시 찾은 삶에서는 봄바람이 이렇게나 달콤했는지, 새로 돋아나는 새싹의 연둣빛이 이렇게나 여리고 예쁜지, 햇볕이 이렇게나 따스했는지, 바람에 스치는 나뭇잎 소리가 이렇게나 다양한지, 새들의 지저귐이 어쩜 그리 맑은지, 그리고 꽃들의 형형색색이 어쩜 그리 예쁜지…

너무나 당연하게 여겨져 소중하게 느껴지지 않았던 그 모든 것들이 너무나 소중하고 당연한 것들이 아니었다. 내가 원하는 행복은 미래만 바라보고 현재를 소홀히 하고 소모하는 행복이 아니라 지금을 온전히 느끼는 행복이었다. 그 소소한 것들을 보고, 듣고, 느끼고, 만끽하면서 나는 그 어느 때보다 행복했다.

*'내가 살아오면서 이렇게까지 행복을 느껴 본 적이 있던가?'* 라는 질문에 "지금"이 제일 행복했다. *'아! 행복이란 이런 거구나! 거창한 게 아니구나!'*

이걸 깨닫고 난 후 일상의 내 행복지수는 더 높아졌다. 감정은 더 풍부해졌고, 삶은 더욱 풍요로워졌다. 그렇다고 돈을 경시하는 것은 아니다. 예전에는 지금의 행복을 저당 잡히고 미래의 행복만을 위해 고군분투했다면, 지금은 모든 것이 조화롭게 살기를 원한다. 어느 한 곳에 치우치는 삶이 아니라 물질, 정신, 마음, 건강, 관계 모든 면에서 조화롭고 풍요롭고 행복하게 살길 원한다. 한쪽으로 치우치는 삶이 아니라 균형 잡힌 삶을 살고 싶다.

삶에는 고난이 닥친다. 힘들고, 아프고, 고통스럽다. 하지만 그 고난은 우리에게 배움을 주기 위한 신의 선물일지도 모른다. 그 고난 속에는 우리가 반드시 배워야 할 무언가가 있다. 그 배움을 통해 우리는 성장한다. 더 나은 나로 말이다.

고난을 고난이 아닌 배움의 기회로 받아들이며 한 발 한 발 내디디며 나아가다 보면 언젠가는 그 고난은 나에게 축복이 되어 있을 것이다.

no.33

# 최현주

□ 소개

1. 프리타라인 대표
2. 부산지역사회교육협의회 책임강사
3. 에니어그램 전문 강사,
4. 관계소통 교육 전문 강사
5. 내 삶의 감사일기, 내 삶의 귀인, 내 삶의 산전수전,
   내 삶을 바꾼 책, 질풍노도와 소통하기,
   안녕? 엄빠야 넌 누구니? 출간
6. 온라인 오프라인 2000회 이상 강의 코칭

□ 연락처

1. 블로그: ds5chg23, tofhdna1215
2. 인스타: preeta.choe2
3. 네이버 검색: 최현주

# 뭐할 때 가장
# 즐겁고 신나게 웃니?

사회 첫발을 내딛던 그 시절, 나는 시대의 변화에 발맞추기 위해 워드프로세서 자격증에 도전했다. 당시 컴퓨터 기술의 중요성을 절실히 느끼고 있었고, 이를 통해 나의 미래를 더욱 밝고 확실하게 만들고 싶었다. 그러던 중 방송대학교에 입학하게 되었고, 교육자가 되겠다는 목표를 가지고 직장과 학교생활을 병행하기로 결심했다.

졸업 후 교직 활동을 원했지만, 졸업 1학기를 남겨두고 한 결혼은 내 인생의 큰 전환점이었다. 첫 아이가 초등학생이 되었을 때 학부모 교육에 참여하게 되었다. 그 경험은 나에게 부모 교육의 중요성을 깊이 깨닫게 해주었다. 부모의 역할은 단순히 자녀를 보살피는 것이 아니라, 아이들이 건강하게 성장할 수 있도록 돕는 것임을 알게 되었다.

부모 교육을 통해 배운 것들을 바탕으로 강사의 길을 걷기 시작했다. 강사로서의 삶은 끊임없는 배움의 기회를 제공해 주었고, 다양한 사람들과 소통하며 성장할 수 있었다. 그러던 중 동료가 내게 질문을 던졌다.

*"선생님은 뭐할 때가 즐겁고 신나요?"* 순간 나는 대답을 하지 못했다. 내 머릿속은 복잡해졌고, 그 질문은 나를 깊이 생

각하게 했다.

"뭐할 때, 언제 즐겁고 신나서 웃는지?"라는 질문은 내 마음속에 오랫동안 맴돌았다. 나는 맛있는 음식을 먹을 때, 쇼핑할 때, 친구를 만날 때, 잠잘 때, 춤을 출 때, 여행할 때 등 여러 상황을 떠올렸다. 하지만 그 모든 것과는 다르게, 진정한 행복은 무엇인지 고민하게 되었다. 주변 사람들은 언제 즐겁고 활기찬지 살펴보았고, 그 이전엔 미처 못 본 나를 바라보기 시작했다.

고민 끝에 나는 여느 사람들처럼 취미나 여가 시간을 즐기기보다, 타인들과 소통하며 영향력 있는 사람이 될 때 행복하고 즐거워한다는 것을 알게 되었다. 가치의 기준은 다르다. 일중독은 아니지만 내 직업상 타인들과 소통하며 선한 영향력을 줄 때 즐겁고 웃을 수 있다는 것을 깨달았다.

얼마 전, 딸이 한 마디를 건넸다. *"엄마, 웃음소리 완전히 큰 거 알아? 엄마는 웃을 때 목소리가 제일 커!"* 그 말에 나는 또 한 번 빵 터졌다. 딸의 그 말이 너무나도 소중하게 느껴졌다. 내 웃음이 아이에게 긍정적인 영향을 미친다면, 그것이야말로 내가 원하는 삶의 모습이라는 생각이 들었다.

이런 경험을 통해 내가 누구인지, 무엇을 위해 살아가는지를 고민하게 되었다. 강사로서의 삶은 나에게 많은 기회를 주었고, 교육생들과의 소통을 통해 나도 성장할 수 있었다. 그 과정에서 느낀 것은, 교육은 단순히 지식을 전달하는 것이 아니라 서로의 마음을 나누는 일이라는 점이다. 강의를 하면서 가장 중요하게 생각하는 것은 참여자들과의 연결이라는 사실을 깨달았다. 참여자들과의 대화 속에서 나는 늘 새로운 질문을 던진다. *"너는 무엇을 위해 배우고 있니?" "이 지식이 너의 삶에 어떤 영향을 미칠까?"* 이런 질문들은 나 자신을 돌아보게 만든다. 내가 강의를 통해 타인들에게 영향을 미치는 것처럼, 그들의 반응과 성장은 나에게도 큰 힘이 된다. 그들이 나에게 주는 피드백은 나의 강의 스타일을 발전시키는 데 도움을 주었고, 나 또한 그들과 함께 성장해 나갔다.

점점 더 많은 사람과의 소통을 통해, 나는 내 삶의 목표가 단순히 교육자가 아니라, 진정한 소통자의 삶을 사는 것이어야 한다고 느끼게 되었다. 나의 경험과 지식을 통해 더 많은 사람에게 긍정적인 영향을 미치고, 그들이 자신의 질문에 답을 찾을 수 있도록 도와주고 싶다. 나는 앞으로도 계속해서 질문하고, 그 질문의 답을 찾으며 나 자신을 돌아보는 시간을 가질 것이다.

이런 여정을 통해 나는 나 자신을 발견하고, 내 가치와 존재 이유를 찾았다. 나의 웃음이 다른 이들에게도 전해지길 바라며, 소통을 통해 얻는 행복을 계속해서 누려가고자 한다. 결국, 내 삶의 질문은 나를 성장시키고, 나의 가치를 발견하게 해주는 중요한 요소가 되었다.

나는 이제 더 많은 사람과 소통하며 그들에게 긍정적인 영향을 미치고 싶다. 나의 여정은 계속된다. 그리고 나는 내 삶의 질문들이 나를 더 나은 사람으로 만들어 줄 것이라고 믿는다. 나의 웃음소리가 누군가에게 작은 행복이 되길 바라며, 앞으로도 계속해서 나의 이야기를 써 내려가고 싶다.

no.34

# 최무빈

❏ 소개
1. 충남 서산출생
2. 카페 온다 대표
3. 전자책 출간

❏ 연락처
전화: 010-2587-9445

# 너는
# 어떻게 살고 싶은데?

*"너는 어떻게 살고 싶어?"*
내가 나에게 한 질문이었다.

내 나이 32살, 그때 난 싱글맘이었다. 지금처럼 싱글맘이 흔한 시절은 아니었다. 세상 사람들이 말하는 대로 애 딸린 이혼녀 딱지가 붙었지만, 나는 내가 살고자 하는 대로 8평 원룸에 아들과 함께 신혼처럼 행복한 살림을 차렸다.
어떻게 살 것인가 고민도 하지 않았다. 다만 그야말로 *'지금보다 더 못 살 것도 없지!'* 라고 생각했고 바닥에서 이제 올라갈 일만 남아 있다고 긍정적으로 생각했다. 나에게는 시간이 충분히 남아 있었다.

그날 밤 어린 아들이 이렇게 말했다
*"엄마! 이제 행복하지?"*
그동안 엄마의 삶이 행복하지 않았다는 걸 알고 있었던 모양이다.
나는 생각했다.
'지금부터 행복하면 되지!'라고.

나는 적어도 멋있는 엄마가 되기 위해 시간을 쪼개며 살았다. 그 당시 내 직업은 보험설계사와 자동차 딜러를 겸직하고 있었다. 고객과의 미팅이 없는 날엔 식당 설거지부터 안 해본 일이 없을 정도로 잠자는 시간 빼고는 쉬지 않고 일했다. 앞뒤 생각할 겨를도 없이 살아내온 시간이 화살처럼 지나갔다.

어느 날 친한 언니가 점심을 집에서 먹자며 오라고 했다.
"남이 해주는 집밥이 최고지?"
언니의 행복이 미소처럼 빛나고 있었다.
그랬다. 엄마가 해주는 집밥처럼 맛있는 밥. 그런 밥을 지어서 매일 다른 사람들과 함께 먹는, 숟가락 한 개 올리면 함께 하는 밥상이 좋았다.
노년의 일상은 꼭 가치를 따지지 않아도 그저 감사함 만으로 기꺼이 수고스러운 일도 할 수 있는 삶이기를 원했었다.
인생에서 꼭 한번 해보고 싶은 것을 할 수 있는 것도 각자에게 주어진 행운이다. 지금도 나는 시간을 최고로 생각한다. 세월을 되돌리고 싶지도 않다. 다만, 지금을 어떻게 살고 싶은지에 대해서 나에게 물어볼 뿐이다

얼마 전 우연히 감사한 분을 보았다. 가톨릭 대상을 타신 고복자 할머님의 기사다.
"*100만 원을 기부하면 한 달이 즐겁다*"라고 하셨다. 모두가 잠든 밤 수많은 새벽을 손수레와 함께 걸었을 아스팔트! "*내 고통 따위는 예수님 고통에 비하면 아무것도 아니다*"라고 하

시던 말씀은 목적이 이끄는 삶이 아니었을까! 어떻게 살고자 하는지 할머니는 내게 그리고 사람들에게 보여주고 있었다.

어떠한 순간에도 포기하지 않을 용기와 끊임없이 노력하는 사람이 가지고 있는 시너지효과를 나는 믿는다.

맨주먹으로 살아내온 시간만큼, 나에게 약이 되어준 세월만큼, 오늘도 내 안의 뜰, 아름다운 3,000평의 기적을 기다리며 따뜻한 차 한 잔 함께 마셔줄 손님이 있음에 감사하다!

no.35

# 전 진

❑ 소개
1. 대한민국 보험설계사
2. 한국 MDRT 공식 회원
3. 글로벌 MDRT 공식 회원
4. 세일즈트레이닝센터 대표
5. 한국세일즈멘토협회 협회장
6. 억대연봉 제조기
7. 사람을 살리는 사업가
8. 라이프 디자이너

❑ 연락처
1. 모바일: 010-6667-7793
2. 네이버 카페 검색: 세일즈트레이닝센터

# Why not??

 '억대 연봉'. '월 천만 원'. 이런 단어를 들으면 어떤 생각이 드는가? 대한민국의 3~4%는 '간단하지'라고 생각할 수 있다. 그러나 96~97%의 사람들은 부러울 뿐일 것이다. 왜 이 빈부의 격차는 사라지지 않는가? 왜 누군가는 남을 위해서 일하고 누군가는 나를 위해 남을 고용하는가? 부자와 가난한 자의 격차는 왜 줄어들지 않는가?

 부자가 되고 싶다고 생각하지 않는 자는 없을 것이다. 나 역시 그러했다. 가끔 이런 말을 듣는다.

 *"저는 적당히 먹고 살 만큼만 있으면 돼요."*

 그것이 바로 부자이다. 먹고 사는 데에 문제없고, 하고 싶은 것을 선택할 수 있는 자유. 우리는 그것을 경제적 자유라고 하고, 그런 자유가 있는 자를 부자라고 한다. 누구나 이런 자유를 꿈꾼다. 나는 모두가 이런 자유를 누리는 세상을 꿈꾼다.

"Why not?"

 나도 한때 억대 연봉은 꿈일 뿐이라고, 아니 꿈도 꾸지 못할 일이라고 생각했던 적이 있었다. 누구보다 '평범한 사람'이었기 때문이다. 성적에 맞춰 대학을 나오고, 전공 관련 중소

기업에 취직해 '평범한' 나날을 보냈다. 그러다 '평범하게' 결혼하고 '평범하게' 아이를 낳았다. 그러자 필요 수준과 수입 수준의 갭이 나를 괴롭혔다. 정말 '평범한 문제'였다. 투잡과 쓰리잡으로 갭을 메우려 발버둥 치다가, 나는 문득 생각했다.

'Why not?'

'왜 나는 할 수 없지? 내가 평범해서? 평범한 사람은 억대 연봉에 달할 수 없나? 부자들은 처음부터 부자였을까? 그들은 할 수 있는데 나는 할 수 없는 이유가 뭘까? 그 이유는 정녕 극복할 수 없는 이유인가?'

정말 많은 시간 고민한 결과를 독자들에게만 알려주겠다.

"절대로, 그렇지 않다!"

부자는 외계인이 아니다! 고소득자들도 종자가 다른 것이 아니란 말이다! 그들도 나와 같은 사람이고, 나처럼 제로부터 시작한 사람들도 많았다. '될 수 없다는 편견'이 가능성을 제한하고 있을 뿐이었다!

이 질문을 하고 몇 년 후, 나의 연 소득은 억대를 가볍게 상회한다. 자료상으로 볼 때 대한민국 3%~4%의 연봉을 달성했다. 이전 회사에서 8년을 일하고 받았던 연봉의 4배가량 된다. 이제 나는 3억, 5억, 10억의 연소득을 올릴 계획을 세운다. 누구보다 '평범하던' 내가 어떻게 이렇게 되었을까? 그 비결을 지금 공개한다!

첫째, 일한 만큼 대가가 있는 환경에 몸을 던져라! 당신의 분야는 일한 만큼 더 받을 수 있는가? 나의 5년 후, 10년 후를 짐작할 수 있을 것이다. 있는 자리에서 정말 최선을 다한다면, 억대 연봉까지 몇 년이나 걸릴까? 입사 후 10년이 가도 어렵다면 둘 중 하나를 골라야 한다. 늘 돈 걱정에 쫓기며 살지, 나와 가정을 위해 각오를 다질지!

조언하자면 사업의 길과 영업의 길이 있다. 자본의 여력이 된다면 사업의 길을 모색하라. 자본이 없다면 영업의 길을 모색하라. 걱정하지 마라! 각오가 되어 있다면 어느 길이든, 답은 찾을 수 있다.

둘째, 성공한 사람의 조언을 얻어라! 지금껏 나에게 조언해 준 사람은 성공하지 못한 사람들뿐이었다. 그들은 성공하지 못할 테니 포기하라는 말뿐이었다. 못 이룬 자에게 성공의 답을 기대하는 것이 난센스 아닌가? 의외로 성공한 사람들은 모두 그 방법을 가르쳐 주기를 좋아한다. 그 누구도 '나는 특별한 사람이니, 너는 꿈도 꾸지 말아라.'라는 식으로 말하지 않는다. 'Why not?' 당신도 할 수 있다고 말할 것이다!

나 또한 당신에게 그리고 성공의 방법을 조언해 주기 위해 이 책을 쓴다. 또 세일즈 강의와 퍼스널 상담 및 트레이닝도 준비하고 있다. 누군가 찾아와 성공의 비결을 묻는다면, 아낌없이 가르쳐 줄 것이다.

당신의 가슴에도 이 질문이 들어왔다면, 지금이다! 환경을 바꾸고, 누구에게든 가서 배우라! 지금처럼 돈을 벌기 쉬운 세상은 없었다. 다들 하는데, 당신이라고 왜 안 되겠는가?

"Why not?"

no.36

# 김혜경

❑ 소개
1. 공간 지음 대표
2. 행복 책방 대표
3. 한국데쓰클리닝연구소 부회장
4. 1인 기업, 강사, 작가
5. 전자책출판지도사, 자서전출판지도사, 책쓰기 코치

❑ 연락처
이메일: jungrimom@naver.com

# 무엇을 버리고,
# 무엇을 남길 것인가?

　웰다잉(Well-Dying)이란 단순히 죽음을 준비하는 것이 아니라, 더 나은 삶을 위한 정리 과정이다. 어떤 짐을 내려놓고, 무엇을 남겨야 할지 고민하는 것, 그것이야말로 '잘 사는 것'과 '잘 떠나는 것'을 연결하는 중요한 일이다.
　우리는 살면서 수많은 것들을 쌓아간다. 물건, 관계, 감정, 그리고 기억까지… 하지만 삶의 끝자락에 서게 된다면, 그 모든 것이 정말 필요한 것일까?
　뜻하지 않은 두 번의 교통사고를 겪으며, 나는 '오늘'이라는 시간과 내가 존재하는 삶이 얼마나 소중한지 깊이 깨닫게 되었다.

> "오늘이 내 삶의 마지막이라면
> 무엇을 버리고, 무엇을 남길 것인가?"

**웰다잉(Well-Dying) 여정, 나의 첫 시작은 공간 정리였다.**
　나와 우리 가족이 살아가는 공간의 물건들 중 불필요한 것은 비우고 필요한 것들은 사용자별로 사용하기 편리한 곳에 자리를 만들었다. 상자에 담긴 물건들에는 찾고 정리하기 편하게 이름표를 달아서, 언제 어디서든 필요할 때 사용하며 일상을 편리하게 살아갈 수 있게 정리했다.

물건을 정리하면서 아이들이 어렸을 때 사진이나 일기를 보며 한참 이야기꽃도 피웠다. 가족과 함께 한 공간 속에는 우리가 살아온 삶의 이야기가 고스란히 담겨 있었다. 아장아장 귀엽던 아이들이었는데 지금 내 옆에는 군대 갔다 복학한 큰아이, 입대 준비하는 작은 아이, 중2에 사춘기에 입문한 막내까지... 세월이 많이 흐른 걸 실감한다.

**두 번째는 관계 정리다.**
대부분의 사람이 삶의 끝자락에서 후회하는 것은 물질이 아니라 관계라고 한다. 나 또한 갑작스러운 사고로 시어머니와 이별하며 미뤄두었던 감사와 사랑을 표현할 길이 없어 마음 깊이 후회했었다.

그 덕에 좋은 관계는 더 좋게 유지하기 위해 노력하고 용서와 화해가 필요할 때가 생기면 미루지 않고 되도록 바로 해결하려고 노력한다. '나중'이라는 시간은 절대 내게 오지 않는다는 걸 잘 알게 되었기 때문이다.

**세 번째는 마음 정리였다.**
과거를 붙들고 있는 것은 오늘의 시간과 내 미래를 가로막는 일이다. 후회, 미련, 집착의 감정을 버리고 오늘에 집중하기로 했다. 감사로 여는 하루는 나의 마음을 더 풍요롭게 했고 나의 일상을 행복하게 했다. 진짜 중요한 것은 지금, 이 순간을 내가 어떤 마음으로 어떻게 살아가느냐다.

"호사유피 인사유명"

호랑이는 죽어서 가죽을 남기고 사람은 죽어서 이름을 남긴다는 말이 있다. *"내 삶이, 사람이, 경험이 책이다."* 라고 말하는 나연구소 우경하 대표를 만나며 나의 50년 인생 여정 마음 유산을 『오십행전』에 담았다. 내가 『오십행전』에 남긴 마음 유산은 가족에게 전하고 싶은 가치, 사랑과 감사의 마음이다.

웰다잉(Well-Dying)을 준비하는 것은 결국 '더 의미 있는 오늘을 살아가기 위한 과정'이다. 나만의 아름다운 웰다잉 여정을 통해 오늘의 삶을 더 소중하고 가치 있게 만들어 가는 시간이길 소망하며 다시 한번 나에게 묻는다.

"오늘이 내 삶의 마지막이라면
무엇을 버리고, 무엇을 남길 것인가?"

no.37

# 박리라

□ 소개

1. G포럼 대표
2. 경기대학교 AMP 융합전공특별과정 AI 전공 산학교수
3. 디지털 융합교육원 서울남부 지회장
4. 한국AI영상제작협회 부회장
5. 한국 M&A협회 이사
6. 시인

□ 연락처

1. https://m.blog.naver.com/joyjoy8888
   '당신은 귀한 사람' 블로그
2. 이메일: jflife@naver.com

# 내 삶의
# 의미는 무엇인가?

    대학교 1학년 겨울방학 때 친구들의 권유로 전혜린 작가의 『이 모든 괴로움을 또다시』라는 책을 읽었다. 이 책은 전혜린 작가의 일기장을 출판한 것이다. 그 책에 '나무는 하늘을 향해 가듯이 우리의 삶도 목적을 가지고 가야 하고 의미를 찾아야 한다.'라고 쓰여 있었던 것 같다. 어쨌든 그 책에 몹시 영향을 받은 나는 '내 삶의 의미를 찾아야 한다'라고 마음먹게 되었다.

    모든 일에 의미를 찾으려 했던 나는, 의미를 찾을 수 없는 일은 잘할 수가 없었다. 대학교 1학년 때는 올 A 학점을 받았는데, 2학년 때부터는 집중하지 못했다. 정량 화학 과목에서 시험공부를 하지 못해서 백지도 한 번 냈었고 급기야 학점이 D 제로, D 플러스도 받았다. 전체 학점도 B 학점으로 기억된다.

    모든 사람이 열심히 생활하는데, 나는 의미를 잘 찾을 수 없어서, 시험공부도 잘 못했다. 우리 사회는 제도권에 잘 적응하지 못하게 되면, 개인의 짊이 상당히 커진다. 대학교 2학년 때, 많은 책을 읽었다. 헤르만 헤세의 『지와 사랑』을 감명 깊게 읽었다.

그 후 인생의 큰 고민이 시작되었고, 항상 밤에 자리에 누울 때마다 지금 죽는다 해도 아무런 미련이 없었다. 그냥 죽으면 흙으로 돌아간다고 생각했다.

그러던 어느 날, 서울대학교 가는 등굣길에 친구가 성경 공부를 하지 않겠냐고 물었다. 서울대학교 서클 중의 하나였던 '한사랑 선교회'에서 성경 공부를 하게 되었다. 그곳에서 예수님을 믿고 싶었으나 처음에는 잘 믿어지지 않았다.

그 후, 내 나이 25세 되던 해, 서울대학교 교수님이 하는 성경 공부가 있었는데, 독문과 교수님이었던 김철자 교수님으로부터 공부가 끝나고 방언을 받게 되었다. 방언 기도를 하게 되니, 확실히 하나님이 살아계심이 느껴졌다.

초자연적인 힘이 나의 혀를 움직이고 있었다. 여의도 아파트에서 성경 공부를 했었는데 공부가 끝난 후 방언을 받고, 밖으로 나왔을 때 똑같은 나무들이 바깥에 있었지만, 새롭게 느껴지기 시작했다. 그렇게 기쁠 수가 없었다.

'하나님이 살아계시다니', '하나님이 살아계시다니' 너무너무 감격스러운 날이었다. '그렇게 찾아 헤매던 하나님이 내게 답하시다니!' '하나님이 확실히 살아계셨구나!' 모든 것이 새롭게 느껴졌다. 새로운 세계였다.

그 이후로 나는 성경도 열심히 읽고, 설교도 열심히 들으며, 신앙생활을 열심히 하게 되었다. 이제 예수님을 믿고 내 삶에 영접한 지 어느덧, 40년이 넘었다. 그동안 나는 많은 일을 겪었고 또 많은 질문을 내게 했다.

성경도 우리나라 성경 112번, 영어 성경 100번 넘게 읽으며, 창세기부터 계시록까지 장별로 요약해서 기록해 놓았다. 하나님을 알고, 예수님을 영접한 삶은 근본적으로 참 기쁜 삶이다.

예전에는 나 혼자의 삶이었지만, 이제는 힘든 일이 생기면 하나님께 물어볼 수 있고, 또 답을 받을 수 있다. 열심히 하기에 따라서, 더 섬세하게 답을 받고, 대화하며 살 수 있다. 나의 젊은 날은 의미를 찾느라, 몹시 힘들었다. 김난도 교수님의 『아프니까 청춘이다』 책의 제목을 신문에서 보고 빨간 줄과 별표를 쳤다. 너무 아팠던 나의 젊은 시절이라서...

서울대 도서관에서 많은 책을 읽었다. 그중 스코필드 선교사의 책과 김활란 박사의 전기가 많이 인상 깊었다. 그리스도인의 삶을 살아간 그들이 아주 부러웠다. 일생 동안 확신을 가지고 산다는 것이 내게 큰 울림을 주었다.

이제 나도 부러웠던 그들의 반열에 들어서서 그리스도인이 되었다. 앞으로의 남은 나의 삶도 기독교인으로 하나님과 함께 살아갈 것이다. 젊은 날, 나에게 던져진 질문의 여파는 혹독했지만, 그 결과는 나에게 의미를 찾게 해주었다. 많은 힘든 과정을 통해 얻은 하나님을 일생 동안 놓치지 않으리라!

매일매일 더욱더욱 노력해서 일생 끝날 때까지 하나님이 원하시는 일을 할 수 있도록 애쓰리라!
내게 주어진 삶에 감사하면서...

no.38

# 김영교

❏ 소개
1. 부산시 교육청 노동인권 강사
2. 법무부 선도 강연 단 학교폭력 예방 강사
3. 행정안전부 안전 예방 강사
4. 희망의 전화 교육 활동 침해 예방 교육 강사
5. 부산진구 중고등 4대 중독 예방 강사
6. 교육과 미래 진로 & 체험, 레크레이션 강사
7. 고교학업 숙려제, 학교폭력 특별교육 상담
8.  닉네임: 엔돌핀 쌤

❏ 연락처
1. Email: mascot2003@naver.com
2. 블로그: 돌핀 쌤
   https://blog.naver.com/mascot2003

## "행복하세요!" 말하는 나는 과연 행복한가?

나는 강사다. 질문하고 질문을 받는 것이 직업이다. 주제를 놓고 말하거나 개념을 푸는 일을 한다. 질문을 던지고 '그럴 수도 있다'와 '그렇지 않을 수 있다'에 익숙했으며, 문제에 '맞다'와 '틀리다'로 빠르게 대응하는 생활을 해 왔다.

그런데 정작 나 자신에게 '내 삶을 바꾼 질문'의 글을 써보라는 제의를 받고 당황스럽고 초조해서 글을 써나가기는커녕 나에게 질문조차도 던질 수가 없었다.

그러던 어느 날 강의를 마치고 거울 속 내 얼굴을 마주한 순간 나는 자신에게 질문했다. *'나는 정말 행복한가?'*

나는 늘 밝은 미소로 '행복'을 말하려 했었다. 그래서 남들이 보기에 내 삶이 안정되고 즐거워 보일지 몰라도 마음속에는 알 수 없는 공허함과 의문이 피어올랐다.

과연 상대와 눈을 맞추며 '네, 저처럼 행복하세요'라고 스스럼없이 대답할 수 있을지 고민하며 지난날을 돌아본다.

대가족의 장손으로서 늦게 결혼한 아버지께서는 나에게 "너 시집가기 전까지 아빠가 무섭지 않게 늘 화장실 데려다줄게." 하시며 매일 유치원에 등원시켜 주실 정도로 정성껏 키우셨다. 그런 부모님의 사랑을 나는 당연하게 여겼고 아버지께서는 얼마 전 돌아가시기 전까지도 중년인 나를 '예쁜 아가씨'라고 부르실 정도라 유별스럽다고 투덜거렸지만, **지금은 그 사랑이 가슴 깊이 사무치게 그립다.**

  부모님은 내가 *"맏이라서 역시 다르다"*라는 말에 은근한 자부심을 느끼셨지만, 나에게는 **책임감과 부담이 컸다.** 나는 모범적인 누나, **집안의 기둥**처럼 행동해야 했기에 철들었다는 **칭찬은 자유를 포기한 조숙함**을 갖게 했다. 학교에 가서도 상황은 크게 다르지 않았다. **모범생**이어야 한다는 압박감에 친구들과의 작은 거리감 또한 있었다. 예를 들어, 친구들이 놀러 가자고 속삭일 때 함께하지 못한 나에게 *"넌 참 재미없게 산다, 넌 선생님 같아"*라고 했기에 그때 나는 어린 마음에 적잖이 외로웠던 기억이 난다.

  시간은 흘러 부모들의 소개로 만난 남편과 결혼하고 5대 독자의 엄마가 되어 기쁨과 벅참이 말로 다할 수 없을 만큼 컸지만, 행복감도 잠시, 현실 속에서 또다시 **누군가를 책임지는 위치**에 서 있었다.

  지금 생각하면 결혼 후 내 생활이 큰 책임감과 함께 매일 압박감이 다가왔던 이유는 사랑으로 준비되지 않은 결혼과 생명을 맞이할 자세도 없이 대를 잇는 것에 더 치중했던 의무 때문인 것 같다. 남편이 잘못된 길에 빠지는 바람에 가정이 힘들어지고 외아들이 다쳐 어려움이 한꺼번에 닥쳤을 때 몸은 고단했고 마음속은 언제나 **걱정의 돌덩이**가 떠나질 않았다.

  **늘 쉼 없이 달려오기만 한 나날** 속에서 정작 내 마음이 어디를 향하고 있는지 잊고 모든 **역할에 최선을** 다했지만, 막상 '나'의 **행복의 크기는** 선뜻 답이 떠오르지 않았다.

그러던 중 **프리랜서 강사의 길에 도전하기로** 결심한 것은 내 인생의 **중요한 전환점**이었다. 어려서부터 사람들 앞에 서는 것에 두려움이 없었으며 대학 시절에는 발표나 토론을 즐겼던 **내 안의 열정을** 꺼내게 된 것이다.

나는 **강사로서 다양한 경험을** 통해 알게 된 것이 있다. 맏딸로서 느꼈던 책임감과 희생, 엄마로서 살아오며 겪은 수많은 희로애락, 일터에서의 성취감과 성장 경험, 이 모든 것이 어우러져 오늘날 나를 만들었다는 것과 한 걸음씩 내 **삶을 주도적으로 그려 나가는 과정 자체가 행복**이라고 생각한다. 무엇보다 내가 **스스로 선택하고 개척하는 삶**이 얼마나 값지고 행복한 것인지 감사하기에 나는 매일 다짐한다.

"행복하다. 그리고 행복을 나누자." 과거의 나는 주변의 기대에 부응하기 위해 달렸지만, 앞으로의 나는 내 마음의 목소리에 귀 기울이며 나아가고자 한다.

끝으로 만약 나처럼 생각의 속박 틀에 갇혀 힘든 이가 있다면 말하고 싶다. **행복을 한 가지 색의 프레임에 가두지 말고, 다양한 색깔의 '무지개'로 여기어**, 삶을 내가 원하는 다양한 방향으로 주도하고, 내 주변과 사회에 조금이라도 보탬이 되며 성장해 나가자고 말이다. 그래서 언젠가는 모두가 **"행복하세요!"** 라는 말을 서로 당당히 건넬 수 있길 바라는 마음이다.

'**저도 행복합니다**'라는 말은 세상에 전파하고 싶은 내 사랑의 메시지다.

no.39

# 최민경

❑ 소개
1. 현업: BMD [Business Matching Designer]
   당신의 비즈니스에 상생 기회를 디자인하는 성장 파트너
2. 목적사업: 하트나비라이프 (Heart Navi Life)
   사명: 라이프 P.D. [Life Purpose Director]
3. 성결대학원 아로마웰니스산업 석박사통합과정
4. 한국열린사이버대학교 뷰티건강디자인학과 편입 졸업
5. 한국외국어대학교 중국학대학 중국어전공 졸업

❑ 연락처
1. 블로그: blog.naver.com/minakey
2. 서울시 강남구 테헤란로 322 한신인터밸리24빌딩 1층

## 내 삶의 핵심 가치는?

'질문'의 의미를 다시 생각하다 :

우리는 일상생활에서 많은 질문을 하고 받는다. 서로를 더 알아가기 위해 정말 궁금한 것들을 질문하기도 하고, 어떤 때는 잘 모르는 사람과 함께하는 시간이 어색해지지 않기 위해 그때그때 생각나는 대로 질문하기도 한다. 또 만약 정해진 인터뷰가 있다면 미리 사전에 준비하고 생각해 둔 질문들로 대화를 이어가기도 한다.

나는 '내 삶을 바꾼 질문'이라는 타이틀을 접하고 최근 6개월 정도의 내 생각과 여정을 정리하는 아주 좋은 테마라고 생각했다. 이 타이틀을 접하니, 내가 내 삶의 목적을 깨닫고 나의 사명을 생각해 본 계기가 바로 "내 삶의 핵심 가치는 무엇인가?"라는 질문을 접하고부터라는 걸 깨달았다.

나는 '질문'의 좀 더 내밀한 철학적 가치를 얘기하고 싶다. '질문'에는 우리의 생각을 이끌어내는 신비한 힘이 있다. 일단 질문이 주어지면 우리는 그에 대한 답을 찾기 위한 쪽으로 생각이 작동한다. 그렇게 집중해서 답을 찾고 모색하는 과정에서 우리는 성장한다. 그러므로 '질문'은 우리를 사고하게 하고 성장시키고, 또 새로운 방향으로 이끌기도 한다.

질문은 마치 거울처럼 내 내면을 비추기도 하고, 때로는 나침반처럼 방향을 제시한다. 나는 이런 질문의 힘을 통해 내 삶의 새로운 장을 열게 되었다.

**'내 삶의 핵심 가치는 무엇인가?':**

나는 작년 10월 1인기업 CEO경영스쿨 과정에 참여하면서 이 질문과 마주했다. 그래, 내 삶에서 내가 지켜야 할 가장 중요한 가치는 무엇일까? 아무리 어려워도 포기하지 못하는 가치, 내가 성공했다고 해도 이것 없이는 공허하게 느껴지는, 내 영혼과 색깔을 담은 가치를 나는 '내 삶의 핵심 가치'라고 정의했다. 이런 생각으로 맨 처음 정리한 나의 핵심 가치는 진정성, 동기부여, 감성 소통 기반의 관계성이었다.

✓ **진정성:**

내 삶에서 가장 기본이자 중요한 가치는 진정성이다. 이는 단순한 정직함을 넘어서는 것으로 나 자신과 타인에 대한 깊은 이해와 존중을 내포한다. 매 순간 선택이 필요할 때, 모든 관계를 이끌어 갈 때, 중요한 결정을 할 때 나에게 '진정성'은 아주 중요한 기준이자 근간이 된다.

매 순간 진실한 나와 대면해 살아가는 인생은 오롯이 나에게 진정으로 진심인 삶을 살았으므로 후회가 적고 만족감이 더 클 것이라고 생각하기 때문이다.

✓ **동기부여:**

"인간은 자존심 덩어리다. 그래서 남의 말을 따르기는 싫어하지만, 자신이 결정한 것에는 기꺼이 따른다. 그러므로 남을 움직이려면 명령하지 마라. 스스로 생각하게 하라."

데일 카네기의 『인간관계론』(『결정적 질문』 다니하라 마코토 재인용)

굉장히 직설적인 표현이지만, 또한 굉장히 이해가 잘 가는 함축적인 말이라 인용했다.

나는 어떤 일을 새로 시작할 때 스스로 동기부여 하는 것이 참 중요하다고 생각한다. 누가 시켜서 하는 것이 아니라, 내 내면에서부터 꿈틀대는, 하고 싶은 욕망! 그것이 있어야 내 삶의 연주가 더 생동감 있고, 가치도 더 커질 것이다.

✓ **성장 경험:**

세 번째로 생각한 내 삶의 핵심 가치는 감성 공감과 소통 관계성이었다. 이걸 점차 실질적인 '성장 경험'으로 발전시켰다. 감성 공감과 소통 관계성은 그럼에도 여전히 아주 중요한 과정을 이룬다. 이렇게 깊은 이해와 공감을 바탕으로 실천해 나가면서 얻는 성장 경험이야말로 값진 삶의 진주가 될 것이다. 이렇게 핵심 가치를 묻는 질문에 대해 나만의 진실한 답을 깊이 있게 추구해 가면서 내가 만들어가고 싶은 '하트나비 라이프'를 더 구체적으로 기획할 수 있었다. 그리고 내 사명도 '라이프 P.D'로 규정하게 되는 근간이 되었다.

삶의 목적을 찾는 것은 올해에 돈을 얼마 벌어야지, 이번 달 매출을 얼마 달성해야지 하는 등의 단순한 목표 설정과는 큰 차이가 있다. 삶의 목적을 찾는 것은 내가 진정으로 원하는 삶을 이해하고, 그걸 방향으로 삼아 내 삶을 디자인해 가는 원동력이라고 생각한다. 내 삶의 핵심 가치를 묻는 질문에서부터 이 원동력이 가동되었다.

**새로운 질문을 향해:**

질문의 여정은 끝나지 않는다. **당신의 삶을 바꿀 질문은?**

no.40

# 이현이

❏ 소개

유어즈에셋(주)보험 대리점 경기지점

❏ 연락처

1. 블로그: https://blog.naver.com/coco1505
2. 이메일: coco1505@naver.com

# "나이가 몇이여?
# 교육을 시킬 나이 아녀?"

　이 질문을 처음 받았을 때 머리를 두들겨 맞은 듯한 충격을 받았다. 늦은 나이에 보험 일을 시작한 나는, 사비를 들여 다양한 교육을 듣고 있었다. 보험은 사람을 상대하는 일이기에 단순히 상품 지식뿐만 아니라 상담 스킬, 고객 심리, 세일즈 전략까지 배워야 할 것이 많았다. 그래서 틈만 나면 교육을 찾아다니며 배움의 기회를 놓치지 않으려 했다.

　교육을 듣고 돌아오는 길에 오랜만에 친구에게 전화가 왔다. 반가운 마음에 전화를 받았는데 다짜고짜 물었다. *"너 요즘 어딜 그케 다녀?"* 나는 아무렇지 않게 *"교육 다녀오는 길이야"*라고 답했다. 그러자 친구는 놀란 듯한 목소리로 말했다. *"아니, 나이가 몇이여? 그 나이에 무슨 교육을 그렇게 다녀? 교육은 젊었을 때 받는 거지. 교육 시킬 나이 아녀?"*

　친구의 말에 순간 할 말을 잃었다. 나는 그동안 교육을 받는 것이 당연하다고 생각했다. 새로운 것을 배우는 것은 나에게 도전이자 성장의 기회였다. 그리고 친구의 비아냥거리는 말에 잠시 멍하니 있었다.

☑ **질문을 곱씹으며 겪었던 갈등과 내면의 변화**

　그 질문을 받은 이후, 나는 한동안 많은 생각을 했다. 나는 화가 난 것이 아니었다. 그저 적지 않은 나이라는 것을 알았

고 여전히 배워야만 했다. 오히려 늦게 시작했기 때문에 더 많이 배우고 익혀야만 한다고 생각했다

보험 업계는 빠르게 변화한다. 고객의 니즈도, 상품도, 세일즈 방식도 끊임없이 바뀐다. 그런 환경 속에서 배움을 멈추는 것은 곧 도태되는 것을 의미했다. 게다가 나이와 관계없이 배움은 삶을 풍요롭게 만드는 요소다. 새로운 지식을 얻는다는 것은 단순히 업무 능력을 키우는 것이 아니라, 나 자신을 성장시키는 과정이었다.

### ☑ 행동으로 이어진 변화

나는 그 친구의 질문 덕분에 더욱 결심을 굳히게 되었다. 나는 교육을 받는 것에 대한 죄책감을 느낄 필요가 없었다. 오히려 더 열심히 배우고, 더 많은 경험을 쌓아야 한다고 다짐했다. 그때부터 나는 더욱 적극적으로 교육을 찾아다녔고, 배운 내용을 실전에 적용하며 경험을 쌓기 시작했다.

처음에는 시행착오도 많았다. 배운 대로 해보려 했지만, 고객의 반응이 기대와 다를 때도 있었고, 실적이 기대만큼 오르지 않을 때도 있었다. 하지만 배움의 과정에서 만난 선배와 동료들이 나를 도와주었고, 나는 그들의 경험을 들으며 점점 성장해 나갔다. 교육을 받으며 알게 된 전략과 노하우를 적용하면서 나의 실적도 점차 상승했다.

고객을 대하는 태도도 바뀌었다. 단순히 보험을 판매하는 것이 아니라, 고객의 관점에서 진정으로 필요한 것을 찾고 제안할 수 있게 되었다.

### ☑ 현실적인 변화

교육을 통해 쌓은 지식과 경험은 결국 내 삶을 바꾸어 놓았다. 보험업계에서 안정적인 성과를 내기 시작했고, 고객들에게 신뢰받는 전문가로 자리 잡을 수 있었다. 그뿐만 아니라, 배움에 대한 열린 자세는 나의 인간관계에도 긍정적인 영향을 주었다. 나는 끊임없이 배우고 도전하는 사람들과 어울리며 더욱 성장할 수 있었다.

무엇보다 중요한 것은, 배움을 멈추지 않는 것이 내 삶의 방향성을 더욱 분명하게 만들어 주었다는 점이다. 나는 더 이상 '늦었다'는 생각을 하지 않는다. 언제든 배우고 성장할 수 있다는 믿음이 나를 더욱 강하게 만들었다. 과거 친구의 말이 나에게는 충분히 자극제가 되었고 지금도 그 친구에게 감사하다. 지금의 나는 확신한다. '모르기 때문에 배우는 것'이고, '늦었기 때문에 더 열심히 배워야 한다'는 것을.

혹시 여러분도 비슷한 질문을 받아본 적이 있는가? 만약 그렇다면, 나는 여러분께 꼭 말해주고 싶다. "배움에는 나이가 없다. 오히려 나이가 들수록 더 배워야 한다."

어떤 일이든 시작하기에 늦은 때란 없다. 끊임없이 배우고 성장하려는 자세가 있어야 변화하는 세상 속에서 살아남을 수 있다. 나는 친구의 질문 덕분에 그것을 깨달았고, 그 깨달음이 내 삶을 완전히 바꾸어 놓았다.

혹시 여러분도 지금 도전하기를 망설이고 있다면, 나처럼 한번 스스로에게 질문해 보자. "배움에 늦은 나이라는 게 정말 있을까?" 그리고 스스로 그 답을 찾아 나가길 바란다.

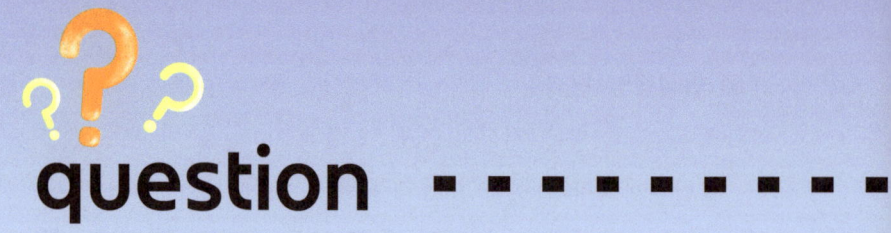

question ----------

# 5장
### 삶을 살아낼 수 있었던 힘의 원천은 무엇인가?

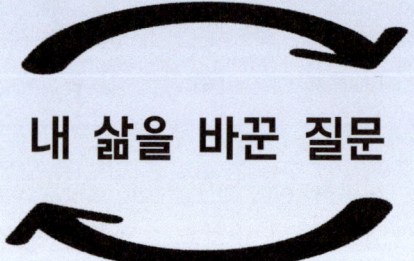

내 삶을 바꾼 질문

### 41. 오순덕
삶을 살아낼 수 있었던 힘의 원천은 무엇인가?

### 42. 정유주
오늘도 1% 성장했니?

### 43. 김지영
오늘이 내 인생의 마지막 날이라면?

### 44. 한윤정
누구나 부자가 될 수 있다?

### 45. 정세현
사랑할 수 있을까?

### 46. 안재경
진짜 하고 싶은 게 뭐야?

### 47. 이언주
왜 미용을 하려고 해?

### 48. 최초이
날씬하지도 않으면서 다이어트 사업을 한다고?

no.41

# 오순덕

❑ 소개

1. 한글마루 창작소 공동대표
2. 한글만다라 개발자, 대한민국 1호 강사
3. 서울시 교육청 부모 행복교실 강사
4. (사)놀이하는사람들 - 놀이 활동가
5. 유아교육 23년 차
6. 한글 지킴이 - 한글 신바람꾼
7. 저서: 『내 삶의 좌우명』, 『내 삶을 바꾼 책』외 전자책 출판

❑ 연락처

1. 블로그: https://m.blog.naver.com/osd020508
2. 인스타그램: happy_tree.hello
3. 유튜브: 한글만다라

# 삶을 살아낼 수 있었던
# 힘의 원천은 무엇인가?

　출생부터 유아기, 아동기, 청소년기, 성인기까지, 지금껏 내가 반백 살의 삶을 살아낼 수 있었던 힘의 원천이 무엇인지 생각해 보았다.

　나는 2남 3녀의 가정에서 셋째로 태어났다. 풍족한 가정환경은 아니었지만, 부모님과 형제자매들과 함께 비교적 평탄한 유년기를 보냈다. 그 시절, 나는 윗집 언니를 따라서 시골 교회에 다니게 되었고, 그로부터 지금껏 신앙생활을 하고 있다. 유년기에 접했던 신앙생활이 내 인생의 모든 순간에 많은 영향을 끼쳤다.

　청소년기에는 정체성의 혼란을 겪으며 친구들과의 관계에서도 해결해야 할 갈등들이 많았다. 그때마다 답답한 마음과 알 수 없는 문제들을 놓고 기도도 하고 상담도 받으면서 고민을 해결할 수 있었다. 진로에 대한 고민이 깊어질 때도 신앙이 나를 지탱해 주는 큰 힘이 되어 주었다.

　청년기에는 본격적인 사회생활을 시작하면서 무수히 많은 시행착오와 어려운 고비를 겪었지만, 그 모든 순간 또한 신앙생활을 통해 이겨내고 헤쳐나갈 수 있었다.

　이때 했던 신앙에 관한 공부는 나에 대한 존재의 목적과 의미를 생각해 보고, 나를 돌아보며 진정한 자아를 발견하는 기회가 되었다. 이로 인해 나의 내면은 더 단단해졌으며 깊이 있는 사고를 할 수 있게 되었다.

직장 생활을 할 때에도 마찬가지로 신앙은 나에게 큰 힘이 되었다. 여러 가지 스트레스와 어려움 속에서도 긍정적인 태도를 유지할 수 있었고, 신앙 덕분에 넓어진 마음으로 동료들과 힘든 상황에서도 상대를 이해하고 포용하고 품어줄 수 있었다. 한계에 부딪혀서 포기하고 싶을 때도 용기와 인내의 힘을 믿으며 이겨낼 수 있었다.

성인기가 되어서 결혼과 출산, 육아라는 새로운 삶의 도전이 시작되었을 때, 이 과정에서 느끼는 책임감과 부담감은 이루 말할 수 없었다. 하지만 신앙은 그 모든 순간마다 나를 지켜주는 힘이 되었다. 아이를 키우며 부모의 역할에 대한 고민이 있을 때 성경을 통해 지혜를 얻었고, 믿음 공동체 사람들과 교류하면서 배우고 체험한 많은 것들이 자녀를 양육하는데 도움이 되었다. 나 자신 또한 삶의 어려운 순간순간을 신앙의 힘으로 이겨내면서 점점 더 성장하게 되었다.

부모님을 섬기는 일 또한 신앙의 힘을 통해 더욱 의미 있게 다가왔다. 나이 들어가시는 부모님을 보며 느끼는 안타까움과 걱정은 컸지만, 신앙은 나에게 부모님을 섬기며 사랑하고 존경하는 방법을 가르쳐 주었다. 부모님께 효를 다하는 것이 얼마나 중요한지를 깨달았으며, 지금도 기도를 통해 부모님의 영육 간의 안녕을 기원하고 있다.

앞으로 다가올 노년기에는 그동안 값없이 받았던 은혜에 보답하는 마음으로 인생에서의 소중한 경험과 지혜를 사회에 나누며 기여하는 삶을 살아가고 싶다.

지금까지 내 삶의 모든 순간을 뒤돌아볼 때, 한순간, 한순간 모두 잘 이겨내고 헤쳐나올 수 있었던 힘의 원천은 신앙이었다. 유년기부터 시작하여 삶의 모든 단계에서 신앙은 나를 지탱해 주는 큰 힘이 되었고, 나에게 위로와 희망을 주며, 힘든 순간들을 이겨낼 수 있도록 도와주는 동반자가 되어 주었다.

앞으로의 삶의 과정 또한 신앙의 힘을 믿고, 보다 긍정적으로 살 것이며, 많은 사람에게 선한 영향력을 끼칠 수 있도록 빛이 되는 삶을 살아갈 것이다.

no.42

# 정유주

❏ 소개

1. 중국 출신 결혼이주여성
2. 유치원 다문화언어강사
3. 중국어 개인지도강사
4. 하루 1%up 여행중국어회화 저자
5. 닉네임: 1% 성장주

타인과 비교하지 않고 '어제의 자신보다 1%성장'을 추구하고 하루 15분의 힘을 강조하며
'나만의 하루 15분' 시스템을 만들어가고 있다.

## 오늘도 1% 성장했니?

    나는 중국 출신 결혼 이주 여성이고 중국어 강사다. 아홉 살 때 아빠는 병환으로 돌아가셨고 새아빠 밑에서 자랐다. 밝은 성격에 철이 일찍 들었고 부모님 말씀 잘 듣고 공부도 잘하는 착한 아이였다.

    새아빠가 돈을 벌기 위해 한국에 오고 IMF를 겪으면서 연락이 끊긴 적이 있었다. 정기적으로 보내오던 생활비도 자연스레 중단되었다. 어느 날, 엄마는 수능 포기를 하면 어떻겠냐고 조심스럽게 내게 물었다. 이유는 엄마 혼자 농사지어서 대학 등록금을 마련할 수 없기 때문이었다.

    내 인생 처음으로 억울하고 온 세상이 원망스러웠다. 그때 나는 이미 가고 싶은 대학까지 마음속에 정해놓은 상태였다. 하지만 어린 내가 해결할 수 있는 일이 아니었다. 밖으로 뛰쳐나와 강변을 걸으면서 한참을 울다가 결국은 엄마의 말에 따르기로 했다. 어쩌면 엄마가 나보다 더 마음이 아플 테니까 엄마의 부담을 덜어드리고 싶었다.

    하지만 학교에서 나온 후 나는 동창들을 만나지 않았다. 자존감이 바닥까지 떨어져 있어서 그들과 나는 다른 세상 사람들이란 생각이 계속 들었다. 국제결혼으로 한국에 와서 출산한 지 4개월 만에 한국방송통신대학교 학부에서 4년, 대학원에서 3년 공부하고 석사학위를 따고 나서야 당당하게 고등학교 동창생들을 만났다. 겨우 학력 콤플렉스에서 벗어나고 자존감이 조금은 회복이 되었다.

평생학습 기관에서 성인 대상 중국어 출강을 하고 있었는데 어느 날 어떤 학습자분이 *"강사님은 꿈이 뭐예요?"* 라고 물었다. *"꿈이요? 우리 가족 행복하게 잘 사는 거요"* 라고 말했지만, 행복하게 잘 사는 것이 무엇인지 솔직히 몰랐다. 그때부터 나의 자기 계발 공부가 시작되었다.

진정한 내 꿈을 찾기 위해서, 나다운 삶을 위해서, 진짜 행복을 느끼기 위해서, 좋은 강의도 찾아 듣고 독서도 하고 자격증도 많이 취득했다. 심지어 개명도 했다. 중국에서 할아버지가 지어준 이름이 요즘 시대에 맞지 않게 촌스럽다는 생각도 들었고 이름대로 산다는 말도 있어서였다. 태생은 바꿀 수 없지만 남은 인생은 내가 만들어가고 싶었다.

자기 계발을 위해 여러 방면으로 공부하면서 처음에는 정말 즐거웠다. 새로운 도전으로 다양한 지식을 얻었고 많은 결핍이 채워지는 듯했다. 하지만 여전히 바쁘고 행복하지 않았다. 열정이 넘치고 호기심도 많아서 누구보다 먼저 시도는 하는데 끝까지 못 하고 중도 포기를 하면서 결과적으로 원하는 성과를 내지 못하는 나를 발견했다. 그에 반해 함께 공부하는 다른 분들은 모두 나보다 성과가 많이 나는 것 같았다. 끈기 없는 나를 자책하기 시작하였고 주변 사람들이 나를 끈기가 없는 사람이라고 수군거리는 거 같았다. *"뭐가 잘못되었지?"* 나 자신에게 묻고 또 물었다.

인정욕구가 강해서 주변 사람들이 나를 인정해 주기를 바라면서 타인의 시선과 평가에 일희일비했다. 나는 생각했다. '남과 비교하지 않고 끝까지 완수하는 힘을 키우면 되겠구나!'

그렇게 나의 닉네임 '1% 성장주'가 탄생했다. 매일 어제의 나 자신보다 1% 성장하는 유주라는 뜻이다. 하루의 1%는 시간으로 따지면 대략 15분이다. 아무리 바빠도 하루 15분은 부담 없는 시간이다. 매일 15분 책 읽기, 15분 집안일하기, 15분 운동하기, 15분 영어 공부하기, 15분 글쓰기 등 15분 동안 할 수 있는 일은 정말 많았다. 나처럼 하고 싶은 것이 많은 사람에게는 부담 없는 시간이었다.

2024년 3월부터는 건강관리를 위해 마라톤도 시작했다. 매일 15분씩만 꾸준히 뛰었더니 체력은 점점 좋아졌고 한 번에 1km도 못 뛰었는데 마라톤 대회에 나가 10km 달릴 수 있는 실력이 되었다. 2025년 3월 1일, 달리기를 시작한 지 1년 만에 첫 하프 마라톤에 참가하여 만족스러운 결과를 얻었다.

하루의 1%인 15분의 힘이 정말 대단하지 않은가? 자존감이 바닥이었고 타인의 인정에 목말라 욕심부려 시작만 하고 중도 포기하던 내가 지금은 매일 나 자신에게 '*오늘도 1% 성장했니?*'라고 물으면서 하루를 마무리한다. 그뿐만 아니라 주변 사람들에게도 1%의 힘을 강조하고 하루 15분만 자신을 위해 써 보라고 권유하고 있다.

'**꿈과 희망을 잃은 사람들에게 건강, 열정, 소통을 바탕으로 활기차고 풍요로운 삶을 살도록 돕기 위해 존재한다.**'라는 사명으로 하루하루 즐겁게 도전하며 살아가고 있다.

no.43

# 김지영

◻ **소개**

1. 따뜻한 마음과 열정이 넘치는
2. 도전과 성장에 대한 갈망이 큰
3. 전) 13년간 초등학교 컴퓨터 특기·적성 강사
4. 전) 교도소 정보통신 출강
5. 현) 13년간 유치원 교사 & 유아교육 석사
6. 28년 차 육아맘
7. 저서: 『내 삶을 바꾼 책』, 『내 삶의 산전수전』
   『내 삶을 바꾼 귀인』, 『내 삶의 감사일기』

◻ **연락처**

블로그: https://blog.naver.com/papayakim

# 오늘이 내 인생의 마지막 날이라면?

"내가 곧 죽을 것임을 기억하는 것은, 내가 인생에서 중요한 결정을 내리는 데 있어 가장 중요한 도구였습니다. 왜냐하면 거의 모든 것, 외부의 기대, 자부심, 창피함이나 실패에 대한 두려움, 이런 것들은 죽음을 맞이하면 모두 사라지고 오직 진정으로 중요한 것만 남기 때문입니다."

스티브 잡스가 2005년 스탠퍼드 대학교 졸업식 연설에서 한 죽음에 관한 명언은 하루하루를 살아내기에 급급했던 내게 깊은 울림을 주고 지나온 인생을 돌아보게 한 계기가 되었다.

언제부터였을까? 하늘을 올려다보는 일이 뜸해진 게.
별을 세던 어린 날의 밤들은 점점 희미해지고, 눈앞의 현실을 따라 달리기에 바빴다. 학교에서는 시험 점수에 연연하고, 사회에서는 성공이라는 이름의 성과에 집착하고, 결혼 후에는 육아에 지쳐 스스로 무엇을 좋아하는지, 어떤 모습으로 살아가고 싶은지 깊이 고민해 볼 겨를조차 없었다. 그렇게 하루하루가 경쟁이 되었고, 어제보다 더 나은 오늘을 만들어야 한다는 강박 속에서 내가 진짜 원하는 것이 무엇인지 잊고 살았다.

나를 잃어버린 기분이었다. 내 삶의 주인은 나여야 하고, 방향을 정하는 것도 나여야 하는데, 정해진 트랙을 따라 끊임없이 달려야 하는 마라톤 같다는 생각이 들었다. 그 길 끝에 있는 것이 과연 내가 바라던 것일까? 혹시 사회가 원하는 모습에 나를 맞추며 살고 있는 것은 아닐까?

우리는 살아가면서 수없이 많은 결정을 내린다. 그 과정에서 돈, 명예, 성취, 그리고 사회적 지위를 쫓는다. 하지만 만약 오늘이 내 인생의 마지막 날이라면, 이 하루를 어떻게 보낼 것인가?

지금까지 나는 다가오지 않은 미래를 걱정하느라 소중한 오늘을 허비하며 살지 않았을까? 후회가 밀려왔다. 만약 오늘이 내게 주어진 마지막 하루라면, 나는 사랑하는 가족과 친구들과 함께할 것이다. 그동안 전하지 못했던 감사의 말을 건네고, 함께했던 시간을 소중히 여기며 마지막까지 따뜻한 추억을 만들고 싶다.

1분 1초도 헛되이 쓰지 않고, 지나온 모든 순간에 감사하며 살아갈 것이다. 평소에 하고 싶었지만, 미뤄왔던 새로운 도전들이 더 이상 미룰 수도 없고 시도조차 할 수 없다는 것이 많이 아쉽고 얼마나 중요한 것인지 깨닫게 될 것 같다

죽음 앞에서 가장 소중한 것은 무엇일까? 아마도 가족이 가장 먼저 다가오지 않을까? 돈으로도 살 수 없는 가장 소중한 것은 바로 '가족'이며, '가족과 함께 한 시간'이다. 가족은 무엇으로도 비교할 수 없고 억만금을 주고도 바꿀 수 없는 존재이기에 더욱 귀하다.

내가 인생의 시련을 겪을 때마다 찾게 되는 책이 있다. 빅터 프랭클의 『죽음의 수용소에서』이다. 삶의 목적과 의미는 아주 가까운 곳에 있다고 한다. 빅터 프랭클은 *"아내가 삶의 목적이고*

의미로써 그로 인해 아우슈비츠 죽음의 수용소에 살아날 수 있었다"고 말했다.

정신과 의사이자 심리학자였던 그는 유대인이라는 이유로 나치 수용소에 끌려가서 그곳에서 죽을 고비를 몇 번이나 넘겼지만, 사랑하는 아내를 생각하며 삶의 목적과 의미를 찾았고 끝내 살아남았다.

그는 말했다. *"산다는 것은 곧 시련을 감내하는 것이며, 살아남으려면 그 시련 속에서 의미를 찾아야 한다."*

죽음이라는 단어는 나에게 새로운 관점을 제시해 주었다. 죽음은 미래에 다가오는 두려움이 아니라, 과거 속에서 성취한 꿈과 깨달은 가치를 되새길 수 있고, 인생을 더욱 깊이 성찰하는 계기가 되었다. 어떤 역경도 결국은 기회가 될 수 있다는 진실을 받아들이는 순간, 우리는 죽음을 두려움이 아니라 삶의 동반자로 맞이할 수 있다.

시간은 유한하다. 하루하루가 지나가는 것은 어쩌면 내 삶의 종착역이 서서히 다가오고 있는 것일지도 모른다. 그래서 오늘 하루, 지금, 이 순간이 가장 소중하다. 인생은 삶과 죽음을 배우는 연습이다.

*"오늘 하루가 내 생애 마지막 날인 것처럼,*
*지금, 이 순간 최선을 다하고 싶다."*

no.44

# 한윤정

❑ 소개
1. 15년간 수학, 과학 과외와 교육컨설팅 강의
2. 10대 자녀와의 감정소통 개인전자책 출간
3. 아침감사, 미래감사 공저 종이책 출간
4. 추락하는 곳이 전환점 공저 전자책 출간
5. 경제독서 모임 운영중

❑ 연락처
1. 네이버 블로그 검색 : 캘리한쌤
2. 유튜브 검색: MasterMind: 즐겁고 행복한 부자들

# 누구나
# 부자가 될 수 있다?

☑ **누구나 부자가 될 수 있는가?**

부자가 되는 게 정말 모든 사람에게 가능한 걸까? 대부분은 '아니, 아무나 부자가 될 순 없지'라고 생각할 거야. 어릴 때부터 좋은 환경에서 태어나거나, 부모님이 돈이 많거나, 특별한 재능이 있어야 부자가 되는 거 아니냐고 말하는 사람들도 많지. 그런데 정말 그럴까?

☑ **돈을 버는 사람과 못 버는 사람의 차이**

비슷한 월급을 받는 두 사람이 있어. A는 직장에서 열심히 일하고, 월급이 들어오면 생활비를 쓰고, 남는 돈은 저축해. 하지만 가끔 친구들과의 약속이나, 기분이 우울할 때 충동적인 소비를 하면서 통장 잔액이 쉽게 줄어들어. 반면 B는 월급이 들어오면 가장 먼저 돈을 관리해. 생활비를 제외하고 투자할 돈을 따로 빼두고, 소비도 계획적으로 해. 몇 년이 지나자, A는 여전히 돈을 모으지 못하고 있지만, B는 투자 수익까지 생기면서 자산이 점점 불어나고 있어.

이 두 사람의 차이는 단순히 월급이 많고 적음이 아니야.

'돈을 대하는 태도'와 '관리하는 방식'이 달랐던 거지.

결국, 부자가 되려면 얼마나 버느냐도 중요하지만, 그보다 중요한 건 '돈을 어떻게 쓰고, 불리고, 관리하는가'야.

### ☑ 부자가 되는 데 필요한 핵심 원칙

1. 돈을 버는 능력만으로는 부자가 될 수 없다.

많은 사람이 '돈을 많이 벌면 부자가 될 거야"라고 생각해. 하지만 꼭 그렇지는 않아. 유명한 스포츠 스타나 연예인 중에서도 젊을 때 수백억을 벌고도 결국 파산하는 사람들이 많아. 반면, 평범한 직장인인데도 꾸준한 관리와 투자를 통해 수십억 자산을 만든 사람들도 있어. 돈을 벌 줄 아는 것만큼이나, 그 돈을 지키고, 불릴 줄 아는 능력이 중요해.

2. 복리의 힘을 이해해야 한다.

워렌 버핏은 세계에서 가장 성공한 투자자로 유명해. 그런데 그가 '엄청난 투자 실력을 갖췄기 때문'이라고 생각하면 오해야. 사실, 버핏의 가장 큰 비결은 '어릴 때부터 투자를 시작했고, 오랜 시간을 버텼다'라는 거야. 10년 동안 10%의 수익을 내는 것과, 40년 동안 10%의 수익을 내는 건 결과가 완전히 달라.

3. 리스크를 관리하는 사람이 결국 살아남는다

부자가 되려면 '돈을 잃지 않는 법'을 아는 게 중요해. 투자할 때 "이거 대박 날 것 같은데!" 하고 모든 돈을 한곳에 넣었다가 잃어버리는 경우가 많아.

부자들은 항상 '살아남는 것'을 최우선으로 생각해. 단기간에 최고 수익을 노리는 것이 아니라, 꾸준히 성장할 수 있는 방법을 찾는 거지.

결국, 누구나 부자가 될 수 있을까?

정답은 '그렇다'야. 하지만 아무나 되는 건 아니야. 운이 좋아서 부자가 되는 게 아니라, 돈을 대하는 태도와 실행력이 있어야 가능한 일이야.

**첫째**, 돈을 어떻게 버는지만 신경 쓰지 말고, '돈을 관리하는 방법'도 배워야 해.

**둘째**, 당장의 큰돈보다는 '오랫동안 꾸준히 돈을 불리는 방법'을 찾아야 해.

**셋째**, 기회를 잡을 줄 알되, 한 방에 모든 걸 걸지 말고, 리스크를 분산해야 해.

혹시 지금 당장 큰돈을 벌지 못하더라도 괜찮아. 가장 중요한 것! 절대 조급해하지 말고, **'시간의 힘'**을 믿어. 돈이 돈을 벌 수 있는 구조를 만들고, 그 과정을 즐기면서 가다 보면 언젠가 진짜 경제적 자유를 누릴 날이 올 거야.

no.45

# 정세현

❑ 소개

1. 살맛나는 세상을 꿈꾸는 사람
2. 이성과 양심으로 행동하는 사람
3. 약자들과 함께 살아가는 사람
4. 을의 사람들과 연대하는 사람
5. 딸에게 좋은 엄마가 되는 게 꿈인 사람
6. 가정과 사회를 지키는 사람
7. 미운 오리, 사랑하지 못하는 사람

❑ 연락처

1. 핸드폰 번호: 010-5352-7737
2. 이메일 주소: latte-co@naver.com

## 사랑할 수 있을까?

 가슴에 큰 바위 하나 얹어진 채로 시간이 흘러간다.
 다들 이렇게 살아가고 있겠지. 작든 크든 말이다. 엄마 뱃속에서 태어나 부모 그늘 아래 작은 고민과 걱정으로 살다가 청춘을 보냈고 아이 엄마가 되어 삶의 중턱에 이르렀다. 이 모든 걸 겪으며 살아가려니 바람과 파도가 거세다. 세차게 휘몰아친다.

 바다에 빠져 사투할 때 오롯이 혼자다.
 때때로 삶은 원치 않는 방향으로 흐를 때가 있다. 돌아가야 한다. 돌고 도는 시간이 한참이다. 번뇌가 깊다.

 누가 내게 돌을 던졌는가?
 원인을 찾고 분석하고 결과를 도출하고 연구한다. 아니 난 그저 사람이다. 감성을 가진 사람이다. 차가운 이성으로 누를 수 없는 그런 따뜻한 감성 말이다. 이럴 땐 차라리 로봇이고 싶다.

 무언가에 지칠 때가 있다.
 깊은 바닷속을 끝없이 헤엄친다. 한참이나 헤엄쳐 가다 보면 아버지를 만날 수 있을까. 그 바다 어느쯤에서 만날 수 있을까. 없겠지. 다시 산을 오른다. 산을 넘었다 생각했는데 아니었다. 아니었다. 깊은 산 속으로 걷다 보면 어머니를 만날 수 있을까. 없겠지. 끝없이 산속을 걷는다.

원수를 사랑하라 하였는데 사랑할 수 있을까?
사랑할 수 있을까?
사람을 사랑할 수 있을까?

때로는 침묵이 싫다.
양들의 침묵 말이다. 수없이 훈련하였다. 침묵하는 것을. 얼마나 더 양들은 침묵해야 할까.

나는 소중한 사람이다.
우리는 모두 소중한 사람이다. 주변 사람들도 가족도 친구도 중요하지만 나 자신도 중요하다. 자신을 챙기고 아낄 줄 알아야 타인에게도 친절할 수 있다. 타인에게만 상냥함은 돌아 들리지 않는 허무한 메아리일 뿐이다.

바쁘게만 살다 보면 잊기 쉬운 것들이 있다.
대부분 뒤늦게 후회하기 마련이다. 소중하고 중요하게 여겨야 할 게 무엇인지 모른 채 지난다. 자신만의 방향과 속도로 가야만 멀리 높이 천천히 오래 제대로 갈 수 있다. 시간은 기다려 주지 않는다. 누구도 내 삶을 대신할 수 없다. 완벽한 순간도 없다.

모두 무언가를 찾으려 얻으려 가지려 애를 쓰며 산다.

양손 가득 쥐어야만 행복할까. 아니 행복은 가까이 있다. 그저 평범한 일상을 살아가는 일. 외부가 아닌, 내 안에 있다는 말이다. 아주 사소해서 걷다가 발에 치이는 돌멩이 같다.

시간이 참 빠르다.

어느덧 5년의 시간이 덧없이 흘렀다. 시간이 아깝다. 아이에게 행복을 쥐어 주지 못한 것 같아 미안함이 문득 치민다. 나는 예수가 아니었다. 그저 한 아이의 엄마였다.

엄마.
참으로 강인한 그 이름. 그리고 아픈 이름.
엄마였다.
내 어머니에게 몸소 배운 강인한 그 이름.
바로 나였다.

살아가면서 많은 일들이 일어난다. 사랑하는 사람이 내 곁을 영원히 떠나기도. 사랑할 사람이 내 안에 온통 채워지기도.

예수는 십자가에 못 박혔다.
예수는 원수를 사랑하라 하였다.
사랑할 수 있을까?

no.46

# 안재경

❏ 소개

1. 유닛스튜디오 대표
2. 마벨꾸띠끄 대표
3. 프롬마벨 사내이사
4. Assorti 정립자
5. VCA(비주얼크리에이터협회)

❏ 연락처

1. 인스타: think_star_
2. 사이트: unit-st.com
   mabellegguttique.shop

# 진짜 하고 싶은 게 뭐야?

나는 애견 스튜디오를 운영하면서 깨달은 것이 있었다. 강아지를 키우는 사람들에게는 단순한 촬영 이상의 경험이 필요한 것이다. 많은 견주가 촬영하러 올 때 강아지와 함께 편히 쉬고 교류할 공간이 부족하다고 이야기했다. 또한, 미용을 받은 직후의 강아지들은 너무나도 예뻤고, 주인들은 그 모습을 오래 간직하고 싶어 했다. 하지만 스튜디오와 애견 미용을 한 번에 제공하는 곳은 없었다.

그래서 나는 애견 복합 문화공간을 만들어야겠다는 구상을 하게 되었고, 용산에 있는 3층짜리 단독건물로 이사했다. 처음 계획했던 '애견 생일상 서비스'가 많은 주목을 받으며 KBS 뉴스에도 소개되었다. 하지만 기대와 달리 기존의 스튜디오 서비스는 안정적인 매출이 유지됐지만, 새롭게 추가한 애견 미용, 카페, 그리고 라운지 공간에서는 기대만큼의 매출이 나오지 않았다. 수입은 그대로지만 지출이 많이 늘어났고, 재정적으로 점점 어려운 상황에 부닥치게 되었다.

처음 구상한 애견 복합 문화공간은 단순한 애견 미용이나 촬영 스튜디오가 아니라, 애견을 사랑하는 사람들이 모여 소통하고 특별한 시간을 보낼 수 있는 곳이었다. 지하 1층은 기존의 스튜디오, 1층은 애견 미용 공간, 2층은 견주들이 커피 한잔하며 쉴 수 있는 애견 카페, 3층은 포토존을 갖춘 라운지와 루프탑 공간으로 구성했다. 나는 이곳이 애견을 사랑하는 사람들이 교류하며 더욱 의미 있는 시간을 보낼 수 있는 장소가 되기를 바랐다.

특히 3층 라운지에서는 애견 모임도 자주 열었다. 견주들이 서로 정보를 공유하고, 강아지들이 어울리며 즐겁게 시간을 보내는 모습을 보면서 '이 공간을 잘 운영하면 정말 좋은 커뮤니티가 될 수 있겠구나'라는 확신이 들었다. 하지만 시간이 없었다. 재정이 바닥나고 있었고 고민이 많았다.

그러던 중 주변에서 여러 의견이 쏟아지기 시작했다. *"강아지랑 고기를 구워 먹을 수 있는 식당이 엄청나게 잘 된대, 루프탑이 있으니. 너도 그렇게 해봐." "카페에 음료만 있으면 안 돼, 강아지랑 함께 맥주 한잔할 수 있는 펍처럼 운영하면 좋을 것 같아." "술을 팔아야 더 수익이 생길 텐데, 왜 안 해?"* 이런 말들에 나는 처음 구상했던 공간을 더 발전시키기 위해 노력하지 않았고 나중에 보니 방향을 잃고 이도 저도 아닌 공간이 되어버렸다. 나는 단기적인 해결책을 찾는 데 급급했고, 진짜 문제를 제대로 보지 못했다. 결국, 매출이 지속적으로 떨어지면서 재정적인 압박이 심해졌고, 사업을 유지해야 할 이유보다 그만둬야 할 이유를 찾기 시작했다. 그리고 마침 코로나가 터지자, 너무 쉽게 사업을 접었다.

그 후, 새로운 스튜디오를 구상할 때 나는 같은 실수를 반복하고 있었다. 금전적인 상황이 더 안 좋았기에 또다시 현실적인 고민과 주변의 의견에 휘둘리며 정작 처음 계획했던 것들을 잊고 있었다. 그때 옆에서 지켜보던 와이프가 내게 질문했다.

*"오빠가 진짜 하고 싶은 게 뭐야?"*

와이프는 이어서 말했다. *"진짜 하고 싶고 오빠가 즐거운 걸 해야 멈추지 않고 지속할 수 있고, 결국 원하는 걸 이뤄낼 수 있다고 생각해 오빠 지금 따지는 게 너무 많아. 그냥 아무것도 따지지 말고, 진짜 하고 싶은 게 뭔지 생각해 봐."*

그때 나는 깨달았다. 투자된 비용이 많았음에도 내가 왜 사업을 접으려고 했고, 왜 그렇게 힘들어했는지를. 처음 구상했던 방향을 끝까지 밀고 나가야 했다. 주변 의견에 휘둘리는 것이 아니라, 고객들이 점차 공간을 알아가고 더욱 만족할 수 있도록 퀄리티를 높이는 것이 정답이라고 지금은 생각한다. 하지만 그 당시에는 보지 못했다. 다만, 와이프의 질문 덕분에 나는 비로소 그 사실을 깨닫게 되었다.

이제 나는 내 안에서 정말 원하는 것이 무엇인지 끊임없이 스스로에게 질문하며, 오롯이 내가 즐길 수 있는 일을 하고 있다. 그리고 확신할 수 있다. **진짜 하고 싶은 일을 하는 것**이야말로 가장 강력한 성공의 원동력이라는 것을.

no.47

# 이연주

❏ **소개**
1. 마벨꾸띠끄 대표원장
2. 비주얼크리에이터협회장
3. 프롬마벨 대표
3. 미스코리아 심사위원
4. MBC아카데미 교육강사
5. LBI럭셔리 브랜드 그루밍강사
6. 제이아트 영화팀 팀장
7. MBC미술센터 (분장,미용)

❏ **연락처**
1. 블로그: https://blog.naver.com/mabelle_s
2. 인스타: eon_blue__
3. 유튜브: 마벨꾸띠끄

## 왜 미용을 하려고 해?

나는 중학교 때부터 미용을 꿈꿨다. 메이크업이 너무 좋았고, 그 길을 가겠다고 결심한 뒤 학원에 다니며 기술을 배웠다. 하지만 미용을 직업으로 삼겠다는 내 선택을 존중하기보다는 의아하게 여기는 사람들이 많았다. 그들이 던진 질문 속에는 사회에 만연한 편견이 담겨 있었다.

진학 상담을 하던 날, 선생님께 메이크업 아티스트가 되고 싶다고 말씀드렸을 때, 돌아온 질문은 이랬다.

*"왜? 너 공부하기 싫어?"*

그 말을 듣는 순간, 자존심이 상했다. 마치 미용이 공부를 포기한 사람들이 선택하는 길처럼 여겨지는 것이 억울했다. 하지만 곰곰이 생각해 보니, 문제는 나에게 있는 것이 아니라, 사회가 가진 인식 속에 있었다. 그렇다고 그 인식을 탓할 수도 없었다.

이런 시선을 가질 수밖에 없는 건 앞선 선례들이 있었기 때문일지도 모른다. 그래서 나는 그런 편견을 바꿀 새로운 선례를 만들어야겠다고 결심했다. 미용이 공부하기 싫어서 하는 일이 아니라는 걸 스스로 증명하고, 미용을 전문적인 분야로 인정받게 만드는 사람이 되기로 했다. 그래서 더 열심히 공부했다.

그리고 고등학교에서도 공부를 소홀히 하지 않았다. 특히 생물 수업이 너무 재미있어서 더 깊이 파고들었고, 꾸준히 공부한 끝에 1등급을 유지했다. 그러던 어느 날, 생물 선생님께서 내가 미용을 전공할 것이라는 이야기를 듣고는 놀라며 물으셨다.

"왜 미용을 하려고 해? 이 성적이면…"

이 질문은 이전과는 달랐다. 진학 상담을 해주셨던 선생님의 질문이 사회적 프레임에서 비롯된 것이라면, 생물 선생님의 질문은 순수한 궁금증과 안타까움이었다. '왜 궁금해하실까?, 왜 안타까워하실까?'라고 생각했고 새로운 목표가 생겼다.

나는 미용이 단순한 기술이 아니라, 사람을 변화시키고 행복하게 만드는 강력한 힘을 가지고 있다고 생각한다. 어릴 적 메이크업 학원에서 처음 만난 이영희 선생님은 내게 그 확신을 심어주셨다. 선생님의 프로페셔널한 태도, 그리고 학생들을 대하는 따뜻한 배려까지.

나는 그 모습에서 단순한 기술자가 아닌, 진정한 아티스트의 길을 보았다. 그래서 나도 그렇게 되고 싶었다. 누군가의 삶을 변화시키고, 자신감을 심어주고, 아름다움을 창조하는 사람이 되고 싶었다. 그때부터 나는 단순히 메이크업 아티스트가 되는 것이 아니라, 미용인이 사회적으로 더욱 존중받을 수 있도록 인식을 바꾸는 사람이 되고 싶다는 큰 꿈을 품게 되었다. 미용이 단순한 기술이 아니라, 사람을 변화시키고 행복하게 만드는 가치 있는 일이라는 것을 증명해야겠다고 다짐했다. 그리고 지금도 그 목표를 위해 끊임없이 성장하고 노력하고 있다.

지금은 같은 꿈을 꾸는 직원들과 함께 이 길을 걷고 있다. 우리는 함께 성장하며, 미용의 가치를 높이기 위해 노력하고 있다. 나는 여전히 더 나은 환경을 만들고, 미용인의 인식을 개선하는 것이 나의 중요한 목표라고 생각한다. 그리고 그 목표를 반드시 이뤄낼 것이다.

돌이켜보면, 선생님들의 질문은 내게 상처가 아니라 자극이 되었다. 첫 번째 질문은 미용업의 사회적 인식을 알게 해 주었고, 나를 더 열심히 공부하도록 만들었다. 두 번째 질문은 내가 앞으로 나아가야 할 방향을 고민하게 했다.

그 질문들이 없었다면 나는 단순히 미용이라는 기술을 배우는 데 그쳤을지도 모른다. 하지만 지금의 나는 단순한 미용인이 아니라, 이 분야에서 새로운 가치를 창출하고, 미용인의 위상을 높이는 사람으로 성장하고자 한다.

나는 앞으로도 미용을 향한 열정을 증명하고, 나와 같은 꿈을 꾸는 이들에게 용기를 주고 싶다. 그리고 함께 이뤄낼 것이다. 우리가 만드는 변화는 분명히 가치 있을 것이고, 나는 그 변화를 끝까지 지켜볼 것이다.

no.48

# 최초이

❏ 소개

1. 자연을 담은 사람 자담인 회복점 가맹대표
2. 건강 상담 전문가
3. 행사 Master of Ceremonies
4. 독서지도사
5. 상담매니저 교육강사
6. 신비의 홍채분석 전문가

❏ 연락처

1. 블로그: http://blog.naver.com/perfectchoi
2. 홈페이지: http://jd100420.jadamin.kr

# 날씬하지도 않으면서
# 다이어트 사업을 한다고?

나는 4.2kg의 우량아로 태어났다. 소아비만에서 성인 비만으로 자연스럽게 이어져 40여 년을 초고도비만의 삶을 살았다. 나라고 왜 날씬하고 건강한 삶을 원하지 않았겠는가?

배꼽 티셔츠에 핫팬츠를 입고 해변을 거니는 모습을 꿈꾸며 다이어트를 해보았지만, 현실은 언제나 이태원 옷 가게에서 판매하는 트레이닝 복을 입은 그냥 뚱뚱이였다.

대학교에 진학하면서 본격적인 다이어트에 돌입했다. 굶어도 보고, 약도 먹어보고, 주사도 맞아보고, 극한적인 다이어트를 하다 보니 몸에 무리가 왔고 결국 20대 후반에 나는 건선, 아토피, 한포진을 동반한 자가면역질환 환자가 되었다.

그저 평범한 66 size의 몸매를 원했을 뿐인데 설상가상 약물 부작용까지 겹쳐 130kg의 거구의 몸이 되었으니 잘못된 다이어트의 백과사전 같은 기록을 남기게 되었다.

그러던 중 정말 우연한 기회에 지인 소개로 자담인 건강법을 접하게 되었고, 1년이 채 되지 않은 시간에 모든 면역 질환을 치유하고 55kg을 감량하게 되었다.

(이 체험담은 나를 자담인 가맹 대표가 될 수 있게 이끌어 준 최고의 원동력이 되었다.)

달라진 몸매와 건선이라는 난치 질환을 완벽히 치유한 모습을 보고는 자담인 건강법에 관심을 갖는 지인들이 늘어났다. 회사의 수익 구조에 관한 설명을 듣고는 무슨 용기였을까? 나는 해보겠다는 결심을 했다. 내가 정말 일한 만큼 수익을 받을 수 있다는 게 참 매력적인 사업이었다.

*"날씬하지도 않으면서 다이어트 사업을 한다고?*
*본인부터 빼야 할 것 같은데?"*

그렇다. 나는 55kg을 감량했음에도 77사이즈의 통통족이다. 나의 치유 스토리를 모르거나 부정적인 고객들이 던지는 송곳 같은 질문에 힘들기도 했고 내가 정말 잘못하고 있는 건 아닌가 싶어 좌절감이 느껴지기도 했다.

하지만 한 가지는 확실했다. 자담인 건강법 안에서는 비만은 단순히 많이 먹고 운동하지 않아 생기는 게 아니라 뱃속 체온이 낮고 몸에 염증이 많아서 생기는 질병이라는 것이다. 게으른 뚱보가 아니고 아픈 환자라는 그 사실이 내가 자신감을 회복하는 데 큰 도움이 되었다. 환자 마음은 환자가 제일 잘 아는 것이니까!!!

초고도비만 환자들은 체중을 감량하는 게 우선이 아니다. 마음이 왜 그리 닫혀있는지 반드시 상담을 통해 서로 소통해야 한다. 진심이 통하면 고객님들의 마음도 지갑도 열린다. 나만의 노하우가 생기기 시작했다.

*"날씬하지도 않으면서 다이어트 사업을 해?"*
라는 비웃음 섞인 질문!

한때는 자신감을 바닥 치게 했던 그 질문이 인생을 바꿨다. 44, 55사이즈로 만족할 만한 몸이 아니기에 뚱뚱한 사람들의 고통과 위축되는 마음을 누구보다 공감할 수 있었고, 내 몸을 실험 삼아 여러 가지 경험해 볼 수 있었다. 내가 44사이즈 뼈 말라 인간이었다면 어찌 실험을 해볼 수 있었겠는가?

내가 직접 경험했던 자가면역질환과 초고도비만 탈출 노하우를 바탕으로 건강한 통통이들을 배출하기 시작했다. 그야말로 다이어트 세계의 반란이라 말하고 싶다. 이쁜 몸보다 건강한 몸이 더 중요하다. 건강해지면 살은 저절로 빠지는 거라는 걸 강조하며 더 이상 다이어트는 힘든 것, 어려운 것이라는 고정관념을 깼다.

그렇게 소개에 소개로 이어지는 고객님들의 문의 전화와 상담 요청이 늘어났고 그들과 나는 함께 성장했다. 그 결과 나는 초고속으로 승진했고 자담인 가맹점 대표가 될 수 있었다.

다이어트에 성공해서 다이어트 사업에 성공 가도를 달리고 있는 내가 성공을 위해서 이제 해야 할 것은 단 한 가지!!
바로 **'건강한 다이어트'**다.

한 단계 더 성장하기 위해서는 반드시 필요한 일이다. 나는 아직도 진행 중이고 매일매일 더 가벼워지고 있다. 몸도, 마음도, 정신도 회복된 내 모습이 더 기대되는 나는 55kg 감량 유지어터이다.

## 에필로그

우리의 인생은 읽기, 듣기, 쓰기, 말하기로 이루어져 있다. 우린 학교 교육과 사회 분위기 등으로 인풋인 읽기와 듣기는 익숙하지만, 아웃풋인 쓰기와 말하기는 왠지 모르게 어색하고 불편하다. 예전의 나 또한 그런 사람이었다.

그러다 만나는 사람의 변화를 통해 생각의 전환을 경험했고 글쓰기와 책 쓰기의 효과를 경험했다. 이후 꾸준한 글쓰기와 책 쓰기로 내면과 외면의 큰 성장을 경험했고 지금은 감사하게도 누군가의 꿈을 이루어주는 행복한 인생을 살고 있다.

글쓰기와 책 쓰기에는 집중하는 시간과 많은 에너지가 필요하다. 그런 어려움을 이겨내고 마음과 용기를 내어 이번 프로젝트에 참여한 아름다운 분들을 다시 한번 소개한다.

우경하, 이은미, 조유나, 박선희, 이연화, 이종현, 이형은, 심푸른, 장예진, 조대수, 김지현, 유병권, 양 선, 김미옥, 김성희, 박보라, 강화자, 김종호, 최윤정, 한기수, 고서현, 박해리, 한금심, 구연숙, 이정곤, 윤민영, 이정인, 최찬희, 박지순, 최형임, 강기쁨, 최수미, 최현주, 최무빈, 전 진, 김혜경, 박리라, 김영교, 최민경, 이현이, 오순덕, 정유주, 김지영, 한윤정, 정세현, 안재경, 이언주, 최초이. 이상 48명의 작가님에게 격려와 응원의 박수를 보낸다. 다음은 당신 차례다.

우리의 인생을 바꾼 질문들이 또 다른 누군가의 인생에 울림이 되고 변화의 시작이 되길 희망한다.

당신의 삶을 바꾼
질문은 무엇인가요?